Diccionario básico de Semiología

DICCIONARIOS BÁSICOS

La Bisagra | Buenos Aires | 2012

Fau, Mauricio Enrique
    Diccionario básico de semiología. - 1a ed. - Buenos Aires : La Bisagra Editorial, 2012.
    96 p. ; 14x10 cm. - (Diccionarios básicos / Mauricio Enrique Fau; 6)

    ISBN 978-987-1719-31-0

    1. Semiología. 2. Semiótica. I. Título
    CDD 401.41

Fecha de catalogación: 23/03/2012

Colección Diccionarios Básicos
Director de la colección › Lic. Mauricio E. Fau

Mauricio Fau se graduó en la Licenciatura en Ciencia Política en la Universidad de Buenos Aires, UBA. Cursó también estudios de grado en la Carrera de Derecho de la UBA y en la Carrera de Periodismo de la Universidad de Morón.

Asimismo realizó materias de posgrado de la Maestría en Ciencias Sociales con especialización en Ciencia Política de la Facultad Latinoamericana de Ciencias Sociales, FLACSO.

Asistió a diversos talleres y seminarios en instituciones educativas, entre ellas el Instituto Argentino de Desarrollo Económico, IADE.

Representando a FLACSO participó con una ponencia en las Jornadas Nacionales Nietzsche 1994 y su exposición forma parte del libro alusivo, editado por la Editorial Universitaria de Buenos Aires, EUDEBA. Ha colaborado también con publicaciones vinculadas a las Ciencias Sociales y co-dirigió programas radiales de temática histórico-política.

Profesionalmente, se desempeñó como docente de la Carrera de Ciencia Política de la UBA y actualmente es Director Académico de La Bisagra Editorial y autor de numerosos libros de temática universitaria.

Diseño de tapa e interior: María Eugenia Vigna
Ilustración de tapa: Leandro Fernández Fau

Escribo para que la muerte no tenga la última palabra.

Odysseus Elytis, poeta griego

DATOS BIOGRÁFICOS

DEL AUTOR

Mauricio Fau se graduó en la Licenciatura en Ciencia Política en la Universidad de Buenos Aires, UBA.

Cursó también estudios de grado en la Carrera de Derecho de la UBA y en la Carrera de Periodismo de la Universidad de Morón.

Asimismo realizó materias de posgrado de la Maestría en Ciencias Sociales con especialización en Ciencia Política de la Facultad Latinoamericana de Ciencias Sociales, FLACSO.

Asistió a diversos talleres y seminarios en instituciones educativas, entre ellas el Instituto Argentino de Desarrollo Económico, IADE.

Representando a FLACSO participó con una ponencia en las Jornadas Nacionales Nietzsche 1994 y su exposición forma parte del libro alusivo, editado por la Editorial Universitaria de Buenos Aires, EUDEBA.

Ha colaborado también con publicaciones vinculadas a las Ciencias Sociales y co-dirigió programas radiales de temática histórico-política.

Profesionalmente, se desempeñó como docente de la Carrera de Ciencia Política de la UBA y actualmente es Director del Departamento Académico de la firma Soluciones Universitarias, especializada en la elaboración de materiales didácticos para el ingreso a la Universidad.

DEL REVISOR

Alejandro Safi es Licenciado en Letras de la Universidad de Buenos Aires (UBA), y se desempeñó como docente de la materia Semiología en el Ciclo Básico Común, CBC, de la UBA.

AGRADECIMIENTO

A Carla Farace, Técnica Superior en Comunicación Social, por sus útiles observaciones.

PREFACIO

Elaborar este diccionario –y los demás que forman la colección de Diccionarios Básicos– ha sido una tarea ardua e intensa, pero muy satisfactoria.

Las miles de horas dedicadas al trabajo se ven recompensadas por la convicción de que el lector encontrará un material realmente valioso, realizado con la mayor seriedad.

En lo personal, me ha sido de suma utilidad el verme ante el desafío de elaborar un contenido que incluya las más diversas manifestaciones del pensamiento, con la convicción de que es desde el conocimiento de lo diverso como se constituyen las propias ideas.

Sin caer en un eclecticismo vacío ni oportunista, la legítima aspiración a la objetividad científica se topa indefectiblemente con la toma de posición, la cual –a la inversa– es puesta en cuestionamiento, es interpelada, por ideas diferentes e incluso antagónicas.

Estoy convencido de que la verdadera libertad del hombre pasa, no por una pretendida objetividad dogmática, sino por la posibilidad de tener acceso a todas las voces, a todos los discursos, a todos los conflictos. Sólo de ese modo –es decir conociendo perfectamente aquellas ideas que no son las nuestras– podremos realmente elegir de un modo no dogmático las propias.

La vieja idea ilustrada del enciclopedismo mantiene su vigencia. El objetivo de este Diccionario es aportar un granito de arena en la titánica lucha por la liberación humana de toda forma de opresión.

Si por intermedio de este libro el lector logra aprender y aprehender algo más de lo que ya sabía. O mejor, si se topa con ideas que contradicen las suyas hasta hacerlas tambalear. Si se produce esa *sacudida*, entonces el objetivo estará cumplido. Las grandes revoluciones de la historia requieren tanto de una transformación social material como de un cambio en la cabeza de sus protagonistas.

El autor

CARACTERÍSTICAS
DEL DICCIONARIO

• Los términos más utilizados en el ámbito universitario

• Explicación breve, pero precisa y completa

• Definiciones basadas en la bibliografía propuesta en los programas de las materias del Ciclo Básico Común de la Universidad de Buenos Aires (CBC), el sistema a distancia UBA XXI y otros de diversos universidades públicas y privadas

• Gran cantidad de remisiones, para que el lector encuentre el término que busca

• Referencias cruzadas destacadas que permiten pasar de una definición a otra vinculada y así sucesivamente. Así, partiendo de cualquier definición del Diccionario es posible recorrer diversas rutas: el conjunto de una teoría, cotejar teorías diferentes, asociar y agrupar términos, recorrer la obra completa de un autor por medio de sus conceptos claves

• Contextualización rápida: en las entradas referentes a personajes históricos y pensadores, inmediatamente después del apellido y nombres se ofrecen datos como la fecha de nacimiento y muerte, nacionalidad, profesión, etc

• Términos no unívocos: en el caso de las entradas cuyas definiciones dependen de la teoría en la que se encuadren, esto se aclara
específicamente. Esto es útil a los lectores para comparar y advertir
la diversidad ideológica que tienen muchos términos, reforzando el
espíritu pluralista y crítico, reconociendo las cargas ideológicas diferentes y hasta opuestas

• Obras claves: libros fundamentales con su autor y fecha en el que
fueron escritos. Este recurso resulta muy útil para comenzar a leer
un libro ya que permite contextualizarlo (con la época y el lugar en
que se hizo) y ver sus ideas principales

• Términos clave de un autor: se trata de términos pertenecientes o
muy ligados a un autor en particular

• Inicial: en la definición se utiliza la inicial de la entrada en cuestión

• Ejemplos: cada vez que lo hemos considerado necesario se han
introducido ejemplos aclaratorios

• Letras Ch y Ll: de acuerdo con las recomendaciones de la Asociación de Academias de la Lengua Española para los diccionarios, las
letras ch y ll no figuran en forma independiente sino que aparecen
en el orden correspondiente dentro de la c y la l respectivamente

• Términos de otras lenguas: las palabras pertenecientes a lenguas
distintas del español son presentadas en letra cursiva

• Bibliografía: al final del Diccionario, el lector hallará una bibliografía cuidadosamente seleccionada que constituye una verdadera
biblioteca esencial de cada disciplina

Diccionario básico
de Semiología

A

dios audiovisuales la *A* recobra una pertinencia ineludible.

Acción comunicativa (Jürgen Habermas): Forma de **comunicación** que lleva al **consenso** y al acuerdo, a través de la transmisión de **sentido**, de **significado**. Es la base de su **teoría de la AC. Habermas** plantea una concepción del **lenguaje** como práctica social en la que la discusión libre entre los participantes garantiza la autonomía y la libertad. Esta praxis de la acción comunicativa contendría la posibilidad de construir un consenso sobre la participación social y la distribución de la riqueza. Este concepto forma parte de una crítica de la **Modernidad**, a la que Habermas plantea como proyecto político inconcluso y pendiente, y que desarrolla en su *Historia y crítica de la opinión pública* (1961).

Actio*:** Operación **retórica** que hace a la ***pronuntiatio del **enunciador** de un **discurso** argumentativo: la modulación de su voz, sus gestos, sus movimientos corporales al exponer sus enunciados: todo lo que concierne a cómo se "actúa" un discurso. La *A* no sólo apunta a la comprensión textual del **receptor**; apela también a su experiencia sensitiva frente al discurso. Si bien para la retórica clásica su importancia era menor, a partir del auge de los me-

Acto de discurso: Ver **acto de habla.**

Acto de habla (John L. Austin): A veces denominado también **acto de discurso**, es una de las nociones fundantes de la **pragmática lingüística** cuyo iniciador fue el filósofo británico J.L. **Austin** y que prosiguió luego **Searle**. El AH es la unidad más pequeña que realiza un sujeto hablante por medio de la **lengua**; es la *acción misma* (prometer, alabar, insultar, jurar, etc) que realiza al proferir su **enunciado**. Todo AH, implícita o explícitamente, procura modificar la situación de su interlocutor. En el análisis de las conversaciones, puede observarse que en intervenciones tales como "Lavame la camisa. Está sucia", hay *dos* AH: uno realiza la acción de *ordenar*, otro la de *describir* el estado de una prenda. La delimitación de los AH, su número y su naturaleza, debe indefectiblemente tomar en cuenta el **contexto** de la **enunciación**. Véase también **AH indirectos** y **macroacto de habla.**

Acto enunciativo: Ver **acto locucionario.**

Acto ilocucionario (John L. Austin): Según **Austin**, al producirse un **acto de habla** se llevan a cabo tres actos simultáneos: un **acto locucionario**, un AI o **acto ilocutorio** y un **acto per-locucionario** o **acto perlocutorio**. En el AI se lleva a cabo, por medio del **habla**, una acción que procura tener un efecto sobre los interlocutores: *preguntar, aconsejar, prometer*, etc. Se puede llevar a cabo un AI, por ejemplo, para generar efectos muy diversos: una pregunta puede servir también para manifestar interés o curiosidad; un comentario sobre un libro que se ha leído puede tener por finalidad mostrar que uno es "muy culto", etc. En rigor, solamente el segundo acto (AI) corresponde propiamente a la **lingüística** tal como la concibe **Searle**. Véase también **actos de habla indirectos**.

Acto ilocucionario: Ver **acto locucionario**.

Acto ilocutivo: Ver **acto locucionario**.

Acto ilocutorio: Ver **acto locucionario**.

Acto locucionario (John L. Austin): Según **Austin**, al producirse un **acto de habla** se llevan a cabo tres actos simultáneos: un AL, un **acto ilocucionario** o **acto ilocutorio** y un **acto perlocucionario** o **acto perlocutorio**. En el AL, se produce una secuencia de sonidos con una determinada **estructura** sintáctica y una determinada referencia (en el primer caso, es lo que estudia la **gramática**; en el segundo, la **lógica**). Véase también **actos de habla indirectos**.

Acto locutivo: Ver **acto locucionario**.

Acto locutorio: Ver **acto locucionario**.

Acto perlocucionario (John L. Austin): Según **Austin**, al producirse un **acto de habla** se llevan a cabo tres actos simultáneos: un **acto locucionario**, un **acto ilocucionario** o **acto ilocutorio** y un AP o **acto perlocutorio**. En este último caso, se trata de los efectos sobre los receptores que se intentan obtener mediante un acto de habla. El AP se puede manifestar al hacer saber algo a alguien; por ejemplo, si queremos que una visita molesta se vaya de nuestra casa, podemos mirar el reloj y decir "uy, qué tarde es". Véase también **actos de habla indirectos**.

Acto perlocutivo: Ver **acto perlocucionario**.

Acto perlocutorio: Ver **acto perlocucionario**.

Actos de habla (John L. Austin): Manifestación concreta de la **lengua**. En la teoría de **Austin**, es fundamental el **acto ilocucionario**, ya que para este autor hablar no es sólo hacer circular **significados**, sino realizar actos que tienen sus propósitos y sus consecuencias. Lo que caracteriza a los actos ilocucionarios es que en éste se hace algo al decirlo. Por ejemplo, 'prometer' es un verbo ilocucionario. Cuando alguien promete, además de proferir un **sentido** y una **referencia** (esto es lo que Austin llama el **acto locucionario**), realiza una acción (que es el AH o acto ilocucionario, estrictamente hablando). Austin plantea tres tipos de AH: acto locucionario, acto ilocucionario y **acto perlocucionario.**

Actos de habla indirectos: En ocasiones denominados también *oblicuos*. Son aquellos **actos de habla** que explícitamente plantean algo para, en realidad, producir un efecto diferente en el destinatario. Así, un acto de habla puede en lo explícito describir un fenómeno climático ("Hace frío, ¿no?") para producir el *efecto perlocucionario* de que el receptor cierre una puerta (véase **acto locucionario**). A menudo, se apela al acto de habla indirecto para no parecer brusco, entrometido, etc., o para impedir una trasgresión a las reglas de cortesía.

Acumulación: Figura retórica consistente en la repetición, agrupamiento y enumeración en gran cantidad de términos iguales o que pertenecen a un mismo orden. Se la utiliza frecuentemente en el **discurso argumentativo** para reforzar la **aserción** de una **tesis**: "La ambición de los bienes materiales, el dinero, el capital, el culto de lo material y lo financiero producen una deshumanización del hombre".

Aldea global (Marshall Mac Luhan, 1969): Interacción a nivel mundial de los hombres con los medios electrónicos de **comunicación**, en particular, con la televisión. Influido por el pensamiento **jesuita**, Mac Luhan pensaba que la AG conducía al hombre hacia un grado cada vez mayor de libertad, lo que fue criticado por varios autores, que plantearon que el resultado era el inverso: el hombre se aliena cada vez más al relacionarse con la **tecnología**. Mac Luhan describe la **historia** humana a partir de los **medios de comunicación**: originariamente, el hombre se encontraba en un universo tribal donde predominaba lo oral. En un segundo momento, la aparición del alfabeto y luego de la imprenta, condujo al predominio de lo visual y lineal. Con el surgimiento de los medios electrónicos de comunicación, se impuso la "era eléctrica", que reestableció la tribalidad de origen, constituyendo la llamada AG.

Alegoría: Etimológicamente, la palabra significa "decir algo de modo diferente". Por consiguiente, la A se vincula de modo directo con la **metáfora**. En distintos contextos históricos, se la ha utilizado en narraciones y representaciones con fines didácticos. Apela a representaciones convencionales, a **símbolos** fuertemente codificados en la **cultura**. Así, por ejemplo, puede utilizarse la figura de un ángel para referirse a las altas virtudes, la castidad, la encarnación humana del bien, etc.

Aliteración: Figura retórica consistente en la repetición de **fonemas** o sonidos. Por ejemplo, "Tres tristes tigres". Se la encuentra por lo general en textos poéticos.

Alocutario: Ver **destinatario**.

Ambigüedad: Aquello que puede interpretarse de dos o más maneras. Se produce cuando un **signo** puede remitir a más de un **significado** (véase **polisemia**). Por ejemplo, el sustantivo "vela" puede producir A *léxica*: puede referirse a la de una embarcación, al sebo, a la forma verbal presente del verbo "velar" en tercera persona, etc. En cambio, un **enunciado** como "El animal de Alejandro comió muchísimo" es capaz de generar A *sintáctica* al no quedar especificado si hace una referencia metafórica a alguien de ese nombre o, por ejemplo, a un perro cuyo dueño se llame así. En el primer caso, tendríamos la construcción sintáctica subyacente "Alejandro es un animal". En ocasiones, la A puede reducirse o eliminarse por medio de la evaluación del **contexto** o el **cotexto**. Ver también **anfibología**.

Amplificación: Ver **acumulación**.

Anacronías: Diversas alteraciones que efectúa el curso de un relato respecto del tiempo cronológico de las acciones que narra. Un texto puede presentar cambios en la frecuencia narrativa: narrar una sola vez lo que ocurrió muchas veces, narrar muchas veces lo que ocurrió sólo una vez, etc. Puede modificar el *orden* narrativo y contar un suceso por anticipado o efectuando una **retrospección** (véase *prolepsis* y *analepsis*). Por último, en cuanto al ritmo, puede hacer un relato más bien sintético o, por el contrario, hacer un relato sumamente pormenorizado y ocupar así mucho espacio en la **narración** de una sola cosa. En general, en mayor o menor medida todos estos fenómenos se dan en todos los textos narrativos.

Anáfora: Un segmento de **discurso** es llamado anafórico cuando para darle una interpretación es preciso remitirse a otro fragmento **anterior** del mismo discurso. Se denomina "interpretante" o "antecedente" al segmento al cual remite el anafórico, que está antes o detrás. En los ejemplos que siguen, el anafórico va en bastardilla y su interpretante en mayúsculas: "Ufa con el tal López. El otro día, Carlos no paraba de hablar de *ese tipo*", "Gabriela odia a Natalia, y a *la inversa* también". Véase también **catáfora**.

Analepsis: Desvío del relato por el cual éste se aparta del eje temporal de lo que se viene narrando y se remite a un hecho anterior. Así, por ejemplo, un narrador se aparta momentáneamente de lo que viene contando sobre un personaje en un momento determinado y se remite a un episodio de su infancia. Es también conocido como **retrospección** y, en el campo cinematográfico, *flashback*. Véase también *prolepsis*.

Análisis del discurso: En principio, el AD se ocupa de establecer el **sentido** específico que adquiere la **lengua** en la situación en que es usada. A diferencia de la **lingüística** tal como la concebía **Saussure**, el AD estudia el uso real de la lengua por locutores reales en situaciones reales. Más específicamente, el objetivo del AD es relacionar la **enunciación** de un **discurso** con su lugar social. De este modo, se relaciona con los **géneros discursivos** que se manifiestan en el espacio social. El AD tiene una clara articulación interdisciplinaria, lo que produce entre otras cosas una gran inestabilidad epistemológica y múltiples corrientes diferentes que divergen en sus enfoques. Así, por ejemplo, en Esta-

dos Unidos el AD está muy marcado por la **Antropología**; en cambio, en Francia se desarrolló desde los ´60 una corriente fuertemente marcada por el **marxismo** y el **Psicoanálisis** en su vertiente lacaniana.

Analogía: 1) En general en **Semiología**, se habla de A para designar la relación de semejanza, parecido o equivalencia que establece un **signo** con el objeto al que representa, 2) En su sentido retórico (véase **retórica**), la A constituye una similitud de **estructura**, cuya fórmula más general es "A es a B como C es a D". A y B son los elementos del tema (que contiene la **conclusión**) y C y D los del foro. En general, los temas del foro son los más conocidos por el destinatario. Por ejemplo, "Horacio trata a Carlos como tu padre te trató a vos"..

Animal simbólico (Ernst Cassirer): En su obra *Filosofía de las formas simbólicas*, Cassirer postula que el **lenguaje** no cumple una función puramente instrumental ni sirve para denominar una realidad preexistente. Por el contrario, el lenguaje *articula* y *conceptualiza* la realidad. Esta *función simbólica* del lenguaje distingue al hombre de los animales (éstos sólo actúan y repiten), lo que hace del hombre en todo caso un "AS". No sólo el lenguaje cumple esta función privilegiada de lo simbólico: también lo hacen el **mito**, la **religión**, el arte, etc. El mérito de Cassirer es haber indagado en las leyes específicas que rigen los sistemas simbólicos. Al analizar este análisis de lo simbólico que opera en la conciencia, Cassirer transforma la "crítica de la Razón" (que se articula en obras filosóficas como las de **Kant**) en una "crítica de la **cultura**".

Antanaclasis: Figura retórica que consiste en la repetición de una misma **palabra** con **significados** distintos ("Traje el traje") o de un mismo **morfema** ("Pasaba de paso y pasé").

Antecedente: 1) Véase **anáfora**, 2) Primera **proposición** de un **entimema:** *"Pienso*, luego existo".

Anticipación: Ver *prolepsis*.

Antífrasis: Cuando un **enunciado** se contradice con creencias evidentes en la situación de **discurso**, el enunciado debe interpretarse como la comprobación en clave *irónica* de lo opuesto a lo que se formula en lo explícito. Así, por ejemplo, una madre puede retar a su hijo diciéndole: "Qué bonito, ¿no?".

Antítesis: Figura retórica en la que se contraponen dos **palabras** antónimas. Los **signos** que constituyen una A comparten un **sema** opuesto: "Llo-

ran los justos y gozan los culpables".

Apelativo: Cualquiera de las formas de nombrar a una persona. Por ejemplo, "Juan", "Juancito", **"Perón"**, "El General", "El tirano prófugo", "El primer trabajador", etc (referidas todas ellas al ex Presidente J.D. Perón). Su importancia para el análisis del **discurso** se basa en que: 1) realiza una determinada predicación y valoración de ese referente y, 2) permite ver las relaciones sociales existentes entre **enunciador, destinatario** y la persona o cosa de que se habla. Por ejemplo, en nuestra **lengua** el voseo permite ver una relación más distendida y confiada entre los interlocutores que la que trasunta el uso de "Usted".

Arbitrariedad del signo (Ferdinand de Saussure): La AS, según **Saussure**, es aquella característica del **signo lingüístico** por la que entre **significado** y **significante** no existe ninguna relación de necesidad o causalidad. **Benveniste**, en cambio, afirma que entre ambos hay un nexo necesario, ya que el significante es la traducción fónica del **concepto**. Lo arbitrario, afirma Benveniste, no interviene en la constitución misma del signo. En todo caso, remite a la relación entre éste y el **objeto** o **fenómeno** real. Dado que la **lingüística** de Saussure se ocupa de las formas lingüísticas y no de los objetos empíricos, la arbitrariedad no es una característica distintiva del signo, sostiene Benveniste. Ver también **convencionalismo**.

Architexto: Ver **transtextualidad**.

Architextualidad: Ver **transtextualidad**.

Argot: Tipo de **jerga** o manera de hablar de **grupos** sociales marginales. Tiene por finalidad que quienes no sean sus usuarios no entiendan los mensajes ni obstaculicen así la **comunicación**. Ejemplos de A los constituyen la germanía, el lunfardo en sus orígenes (ligados a la delincuencia) o el "*cockney*" de los estibadores de Londres (Véase **subcultura**).

Argumentación: **Discurso** que intenta modificar la actitud de su interlocutor o destinatario. Operación por la cual un **enunciador** busca transformar por medios discursivos el sistema de creencias y de representaciones de su destinatario. El enunciador relaciona opiniones y las representa en forma de razonamientos coherentes y lógicos para ser convincente. Al argumentar se lo hace siempre a favor o en contra de algo o alguien. Ese algo o alguien es el tema del **argumento**.

Argumento: 1) En la **semiótica** de **Peirce**, **signo** de una **ley** o ley de lo legal, la **teoría** que da consistencia a un **sistema**, sus leyes, su orden interno. En el A el signo se representa como una razón para el **interpretante**, 2) **Enunciado** o conjunto de enunciados de un *discurso argumentativo* que remiten al contenido persuasivo de su enunciador: "No. Es imposible. Totalmente imposible. Las mujeres jamás podrán llegar a acumular el mismo poder que los hombres pues no está en su naturaleza". (Véase **argumentación**).

Argumento: En la tercera **tricotomía** de **Peirce**, el **interpretante** se divide en tres tipos de signos: **rema, dicente** y A. El A se corresponde con lo que habitualmente conceptualizamos como **razonamiento**. Peirce lo define como un **signo** que tiende a inducir al **intérprete** a cambiar su pensamiento.

Aserción: **Enunciado** que transmite una certeza. Puede ser positiva (afirmación) o negativa (negación). En la **teoría de la enunciación**, corresponde a una variedad de las modalidades enunciativas (véase **modalidad**).

Audiencia: Individuos y grupos a quienes se dirigen las comunicaciones masivas, o sea a los consumidores de **discursos** y productos mediáticos, tales como programas, películas, publicidades.

Auditor: En la **teoría de la enuncia-**

ción, oyente, persona que escucha el **mensaje** que dirige un **locutor** al **alocutario**. Ver también **destinatario**.

Austin, John L.:

Autorreferencia lingüística: Ver **autorreferencialidad**.

Autorreferencialidad: Lenguaje que habla de sí mismo. La A puede llevarnos a una **paradoja**: por ejemplo, la **paradoja del mentiroso** ("Todo lo que yo digo es mentira"). Para evitarla, debe recurrirse a una descripción *metalingüística* (véase **metalenguaje**) para decidir su contenido verdadero. En literatura es frecuente que haya textos que remiten a sus *propias condiciones de enunciación y producción*. A menudo presentan temas y contenidos que representan sus propios procedimientos constructivos. La autorreferencialidad, de todos modos, no es privativa de la literatura: se la encuentra en todas las artes (pintura, teatro, cine, etc).

B

Bajtin, Mijail (1895-1975): Filósofo, filólogo y teórico de la literatura, nacido en Rusia. En sus críticas a **Saussure**, sostiene que el **contexto**, las circunstancias sociales y las relaciones entre los interlocutores son importantes para explicar el uso real de la **lengua**. Ésta, a su vez, se estructura y moldea según el uso real que hacen de ella los sujetos. Por ello, tomó distancia del enfoque excesivamente sincrónico (véase **sincronía**) de aquel (al que denominó "objetivismo abstracto") y enfatizó la dimensión sociohistórica del lenguaje. Sus conceptualizaciones en torno a los **géneros discursivos** fueron de una influencia sideral para el **análisis del discurso**. Entre sus obras principales se encuentran *Problemas de la poética de Dostoievski* y *El marxismo y la filosofía del lenguaje*.

Barthes, Roland (1915-1980): Crítico literario y semiólogo francés, realizó importantes aportes en el campo de la **semiología** y la **lingüística**. Articulando el **marxismo**, el **estructuralismo** y el **Psicoanálisis**, planteó que en la denominada **cultura de masas** múltiples fenómenos de la **vida cotidiana** (la moda, la prensa, la publicidad, la TV, la fotografía) forman **sistemas de signos** que combinan lo lingüístico y lo no lingüístico (lo visual, por ejemplo). En 1953, en su libro *El grado cero de la escritura* planteó que la lengua y el *estilo* son para quien escribe su material de trabajo y que es la escritura lo que la semiología debe analizar: la forma que elige el **emisor** para comunicarse con sus destinatarios. En *El sistema de la moda* (1967) analizó el lenguaje escrito de las publicaciones de la moda. Son célebres sus *Mitologías* en las que amplía sus estudios sobre la mitología moderna. Según B, a través de los **medios de comunicación** social se hace **"mito"** de muchos fenómenos sociales, históricos e ideológicos. Su mirada hacia el **destinatario** —al que ve como un sujeto que frente a la obra genera nuevas ideas y contenidos— suscitó encendidas polémicas en la crítica literaria más tradicional de su época. Para B, los lectores (entre ellos, el crítico) participan activamente en los múltiples **sentidos** que articula un texto. Esta iniciativa de los lectores debe estimularse como un acto político de resistencia frente a la **industria cultural** *de masas* y frente a quienes detentan una concepción aristocrática de la cultura.

Benveniste, Émile (1902-1976): Lingüista egipcio-francés. Se especializó en **lingüística** de la **enunciación**. Para B, el **lenguaje** no es un **instrumento** de comunicación porque no es algo externo al hombre como sí lo es, por ejemplo, una máquina. En cambio, el lenguaje le permite al hombre constituirse como sujeto humano al constituir el concepto mismo de *yo*. Esto lo sitúa en el mundo y en su relación con los otros mismos y consigo mismo. El **discurso**, por su parte, es la puesta en práctica del lenguaje: la comunicación es la consecuencia **pragmática** de esa organización interna que produce el lenguaje: "Es el acto de decir el que funda al sujeto y simultáneamente al otro en el ejercicio del discurso." De esta forma B establece: 1) la polaridad básica *yo/tú* del diálogo, 2) las marcas o **índices (deícticos)** del aquí y el ahora que remiten al momento en que el sujeto dice su **enunciado** y, 3) la expresión del presente como el tiempo verbal en el que se habla. El **sujeto** de la enunciación, entonces, es el centro de referencia interno del discurso. **Puede verse, en conclusión, que B incorpora los elementos de la subjetividad a la estructura misma de la lengua.** En otro sentido, B también establece la diferencia entre el lenguaje humano y el animal. Plantea que los animales (estudió el comportamiento de las abejas) no tienen —en sentido estricto— un lenguaje sino un **código** de señales genéticamente determinado (**estímulo-respuesta**). En cambio, en el lenguaje humano intervienen lo simbólico, lo irónico, lo poético: una multiplicidad de **significados** posibles. Finalmente, B también impugnó la **arbitrariedad del signo** saussureano. Entre sus obras principales se encuentra *Problemas de lingüística general* (1966).

Bühler, Karl (1879-1964): Psicólogo alemán, miembro del **Círculo Lingüístico de Praga**, donde aportó su clasificación tripartita de las **funcio-**

nes del lenguaje (**función representativa, función expresiva y función apelativa**), luego ampliada por R. Jakobson. En el campo de la **Psicología** adhirió a la *Gestalt* y analizó las relaciones entre **lenguaje y cognición**. Entre sus obras principales encontramos a: *Teoría del habla* (1934) y *El principio de la Gestalt en la vida humana y animal* (1952).

C

Cadena significante (Jacques Lacan): Reformulación del concepto de **inconsciente** de **Freud** realizada por **Lacan** a partir de la **lingüística** de **Saussure**. Para Lacan, el inconsciente se estructura como un **lenguaje**. En él rigen dos **procesos** principales: **condensación (metáfora)** y **desplazamiento (metonimia)**.

Canal: En la **teoría de la comunicación**, medio o soporte material o sensorial a través del cual un **emisor** transmite un **mensaje** a un **receptor**. Entre mensaje y C debe haber armonía. Los diferentes canales inciden en los mensajes que se intercambian los interlocutores. Así, se observan características diferenciadas en la conversación "cara a cara", la comunicación telefónica, el chat, etc.

Capital lingüístico: Riqueza con que cada persona puede elaborar los discursos dentro de las posibilidades que permite un idioma.

Capital simbólico (Pierre Bourdieu): Variedad de recursos (lingüísticos, retóricos, culturales) a los que cada persona apela en el devenir de su existencia social y en sus diferentes situaciones de **comunicación**. Se relaciona íntimamente con su lugar en la **estructura social**. El término fue utilizado por **Bourdieu** en la crítica que efectuó al concepto de **competencia lingüística** (ver). Según Bourdieu, los discursos antes de ser entendidos deben ser escuchados. Por lo tanto, es de rigor analizar a qué hablantes se les confiere derecho a la **palabra**: quiénes pueden hablar y quiénes no en determinadas situaciones, en qué esquema de relaciones de **poder** entre los interlocutores se emiten los **enunciados**, etc. El **enunciador** de un **discurso**, por lo tanto, no sólo genera discursos correctos o incorrectos sino que antes, y sobre todo, debe lograr hacerse escuchar. Todo esto dependerá de su CS.

Cassirer, Ernst (1874-1945): Filósofo alemán, elaboró una **Antropología** filosófica de base kantiana (**idealismo** lógico), caracterizando al hombre como **animal simbólico** y considerando que su capacidad de simbolizar o conceptualizar lo distingue del resto de los animales. Según C, toda esfera cultural -el **lenguaje**, la **ciencia**, el arte, los **mitos**, la **religión**, etc- forma **sistemas** simbólicos. C sostiene que el **conocimiento** implica una conceptualización de la experiencia. Entre sus obras principales encontramos a: *Concepto de sustancia y concepto de función* (1910), **Filosofía de las formas simbólicas** (1923-1925) y *Antropología filosófica* (1944).

Catáfora: Es catafórico el segmento discursivo que requiere para su interpretación del conocimiento de otro segmento que tiene ubicación *posterior*. Así, si una **narración** comienza con el **enunciado** "Entró con sigilo", para su cabal interpretación postulará después quién es el personaje que ejecutó la acción de entrar.

Chomsky, Noam Avram (1928 à): Lingüista norteamericano. En su marco teórico (conocido como **gramática generativa transformacional**) aborda los principios que subyacen a todas las **lenguas** o gramáticas. C se interesa en las reglas de transformación de las oraciones, en particular, y en la capacidad lingüística humana innata, en general. Sostiene que las diferentes lenguas están todas ellas condicionadas por nuestro patrimonio genético. No obstante, influido por el **racionalismo carte**siano y el **estructuralismo** de Saussure, su interés se centra en la naturaleza general de la **lengua** (a la que concibe como universal) más que en las distintas lenguas particulares (idiomas). Plantea que la gramática universal de las lenguas está determinada por una **estructura** genética subyacente cuyas reglas son universales. Según C, todo esto es verificable mediante la construcción de modelos lógico-formales. Además de sus teorías linguísticas, Chomsky es autor de una abundante bibliografía en la que expone su pensamiento político. Es un crítico implacable del **capitalismo** estadounidense y en ocasiones ha adoptado posiciones cercanas al **anarquismo**. Entre sus obras principales se encuentran *Estructuras sintácticas* (1957), *Temas frecuentes en teoría lingüística* (1964) y *Aspectos de la teoría de la sintaxis* (1966).

Círculo de Praga (1926-1946): Escuela **lingüística estructuralista** dedicada al análisis de la **sintaxis**, la **morfología**, la **fonología** y la crítica literaria. Entre sus representantes se destacan N. **Troubetzkoy** y Roman **Jakobson**. Aplicaron los postulados de la lingüística saussureana al estudio de la **fonología** y al análisis de textos poéticos. El CP considera que en la lengua poética, a diferencia de la función comunicativa de la lengua -que se orienta hacia los significados- ocupa el primer plano el **signo lingüístico** en sí mismo. Esto plantea de forma ineludible la problemática relación entre el aspecto fónico del lenguaje y su **estructura** interna, la esfera propia del **sentido**. Entre sus aportes más importantes se hallan conceptos primordiales, como los de **funciones del lenguaje**; la crítica a antinomias conceptuales saussureanas como **lengua/habla** y **sincronía/diacronía** y la acuñacion de los conceptos fundantes de la fonología moderna.

Círculo hermenéutico: "Hermenéutica" es sinónimo de "**interpretación**". El CH es el hecho de que -para comprender o entender algo- hay primero que pre-comprender o pre-entender, es decir que para saber hay que partir de un saber: el **sentido** de cada frase (totalidad) se entiende cuando se entiende cada **palabra**; y el **significado** de cada palabra se entiende en función de la frase entera. Friedrich Schleiermacher (1768-1834) planteó que para entender el pasaje de un texto hay que conocer al texto entero, ya que no se puede entender una palabra fuera de su contexto.

Círculo Lingüístico de Praga: Ver **Círculo de Praga**.

Cita: Referencia en un **discurso** a otro discurso, al que reproduce textualmente. Es un caso de **polifonía**, más específicamente de **discurso directo**. El estatuto de una C jamás es neutro: remite a los fundamentos ideológicos y textuales del discurso citante. Bajo la apariencia de dar la **palabra** a otros discursos, el discurso citante pone en funcionamiento sus propias categorías. Este fenómeno es particularmente notable en el discurso polémico, pero también ocurre por ejemplo en la llamada "cita de autoridad" ("Como señaló el benemérito Dr. XX al decir..."). En el caso de los discursos escritos, rige el uso de comillas que señalan el pasaje de una voz a la otra.

Cita: **Enunciado** que reproduce una **enunciación**. Referencia en un **discurso** a otro discurso, implica una cierta pérdida de la información del enunciador original, al deformarla o recontextualizarla por lo que constituye un ejemplo de **polifonía**. Son ejemplos, el **epígrafe** y la cita de autoridad.

Clases textuales: A diferencia de los **tipos textuales**, las CT se corresponden con las clasificaciones cotidianas que realizan los mismos hablantes sobre diferentes tipos de textos: "esto es un *cuento*", "lo que dijo fue una *broma*", "este es un *relato*", etc., que no han de coincidir necesariamente con las categorías de una clasificación científica de los textos.

De todo esto puede inferirse que *los* hablantes de una comunidad lingüística tienen competencias sobre CT pero no sobre los tipos textuales.

Clichés: A menudo el término ha sido utilizado como sinónimo de **estereotipo**. En la actualidad, por lo general, el concepto de *C* se utiliza para referirse a fenómenos de tipo verbal y discursivo, motivo por el cual su utilización es más frecuente en los estudios literarios y en el **análisis del discurso**. Al igual que los estereotipos, en el *C* se trata de representaciones totalmente convencionales, incluso gastadas y trilladas que se vinculan, de este modo, con los **lugares comunes**. Son ejemplos expresiones como "andar como bola sin manija", "memoria de elefante", "más loco que una cabra", etc. En la actualidad, el análisis del discurso mantiene con los *C* una relación que no los reprueba sino que, antes bien, aspira a determinar su función en el texto o discurso en cuestión (crítica, **parodia**, reformulación, caracterización de épocas y personajes, etc).

Codificación: En la **teoría de la comunicación**, estructuración de un **mensaje** por parte de un **emisor**. El **código** funciona con reglas pertenecientes al **lenguaje** elegido, para que puedan ser interpretadas y decodificadas por un **receptor**, quien a su vez conoce esas reglas. Véase también **decodificación**.

Código: Umberto **Eco** define al C como un **sistema** de **símbolos** arbitrarios que permiten transmitir la **información** de la **fuente** al destino sobre la base de **reglas convencionales**. La **comunicación** con sus C convencionales y sus mensajes es la premisa básica de la **semiótica**. R. **Jakobson**, en analogía al par **lengua/ habla** de **Saussure**, distingue al C (lo social) del **mensaje** (lo individual).

Código hermenéutico (Roland Barthes): En su libro *S/Z*, **Barthes** sostiene que un texto está articulado por una pluralidad de **códigos**, que no posee un **sentido** único y central. El CH es el modo en que un relato plantea problemas y enigmas para generar en el lector el deseo de seguir indagando en el texto. El CH es el hecho de que -para comprender o entender algo- hay primero que pre-comprender o pre-entender, es decir que para saber hay que partir de un saber: el sentido de cada frase (totalidad) se entiende cuando se entiende cada **palabra**; y el **significado** de cada palabra se entiende en función de la frase entera. Friedrich Schleiermacher (1768-1834) planteó que para entender el pasaje de un texto hay que conocer al texto entero, ya que no se puede entender una palabra fuera de su **contexto**.

Coherencia: Un texto puede presentar una **estructura** gramatical correcta e incluso un nivel aceptable de **cohesión**, pero esto no basta para decir de él que sea coherente. La C de un texto se da cuando puede atribuírsele una intención global, un objetivo determinado según su **género discursivo**. Esto es lo que permite que el **interlocutor** adopte un comportamiento adecuado respecto de él: si un **enunciado** se presenta como un poema, una receta de cocina o un manual de instrucciones, su C se establecerá siguiendo criterios muy diferentes.

Cohesión: De acuerdo a los postulados de la **lingüística** textual, el texto no es sólo una sucesión ordenada de oraciones. Éste constituye, por el contrario, una unidad dada por dos factores: la C y la **coherencia**. Analizar la primera es ver cómo se articula su linealidad y cómo se da su progresión textual a través de fenómenos tales como: la **anáfora**, la **catáfora**, la repetición de ciertos constituyentes, los conectores entre las oraciones, etc.

Comentario: Ver **tema** y **rema**.

Comparación: Paralelismo de dos **sentidos**, por intermedio de "como", o alguno de sus reemplazantes. Por ejemplo, "Se puso rojo como un tomate". Ver también **analogía**.

Competencia comunicativa: Ver **competencias comunicativas**.

Competencia discursiva: Remite a los conocimientos del **sujeto** de producir y/o interpretar tipos de **discursos** diferentes según cuál sea su contexto de **enunciación**. Véase también **géneros discursivos**.

Competencia lingüística (Noam Chomsky): Capacidad que se requiere a un hablante para utilizar un **lenguaje** en un **proceso** de reproducción y producción de **enunciados**.

Competencia pragmática: En las corrientes linguisticas de orientación pragmática, la CP remite a las reglas que permiten que un **sujeto** formule o interprete un **enunciado** en relación con una situación comunicativa particular. De esta competencia formarían parte las leyes del **discurso**.

Competencias comunicativas: La etnografía de la **comunicación** introdujo la noción de CC: para hablar es necesario, además de la **competencia lingüística**, utilizar la **lengua** de modo apropiado en una gran variedad de situaciones. Es en gran parte implícita y se la adquiere en las interacciones con diferentes interlocutores. Incluye reglas sobre aspectos múltiples de la comunicación: el manejo de los diversos **géneros discursivos**, de los diferentes turnos de **habla** en una conversación, la adecuación a la situacion comunicativa, etc. En síntesis: dominar los comportamientos requeridos de acuerdo a la naturaleza de diferentes contextos. Estas CC se modifican permanentemente en función de las experiencias de los diferentes sujetos hablantes, sobre todo cuando entran en interacción con diferentes comunidades discursivas.

Competencias culturales: También llamadas "enciclopédicas". Designan el conjunto de saberes y conocimientos implícitos sobre el mundo que poseen los sujetos hablantes y que entran en funcionamiento, muchas veces de modo inconciente, en sus diversos procesos comunicativos.

Competencias enciclopédicas: Ver **competencias culturales.**

Competencias ideológicas: Designan el conjunto complejo de sistemas de **interpretación** y de evaluación del universo referencial. Así, por ejemplo, **sujetos** de diferentes **clases sociales** verán los referentes sociales de acuerdo a todo un complejo andamiaje ideológico. Las CI mantienen con la **competencia lingüística** relaciones estrechas pero difíciles de articular con precisión. Las CI varían de modo muy acentuado según la posición social de los diferentes hablantes, sus características dialectales,

etc. Ver también **dialecto.**

Competencias lingüísticas: Capacidad de manejar un conjunto de **palabras** y reglas de una **lengua** con el fin de expresarse. Capacidad de codificar y decodificar un determinado **idioma.**

Competencias paralingüísticas: Capacidad de los **sujetos** de codificar y/o decodificar según **códigos** no-lingüísticos convencionales la gesticulación y los movimientos corporales que acompañan al **discurso** verbal. Ver también *actio.*

Comunicación: Es el **proceso** de producción de **sentido** en el que intervienen personas que se intercambian **mensajes.** A éstos les asignan un sentido conforme a sus posibilidades personales y culturales, y según la relación con los otros integrantes del proceso y las circunstancias en las que interactúen. Para ello cuentan con la ayuda de un **código** y un **canal.**

Comunicación alternativa: Forma de **comunicación** que plantea una oposición al **mensaje** hegemónico vigente, articulando una postura diferente en su contenido o **estructura.**
Comunicación comunitaria: Forma de **comunicación** que se centra en la compleja relación entre los intereses específicos de las comunida-

des o **grupos** minoritarios. Su fin es ayudar a que cada **comunidad** pueda concretar sus proyectos propios y utilice para eso las herramientas tecnológicas que necesite.

Concepción semántica de las teorías: Corriente de la **filosofía de la ciencia** que se inicia en la década de 1980. Según van Frasen, en un texto de 1989: "De acuerdo con la concepción **semántica**, presentar una **teoría** es presentar una familia de **modelos**. Esta familia puede ser descrita de varios modos, mediante **enunciados** diferentes en **lenguajes** diferentes, y ninguna formulación **lingüística** tiene ningún estatuto privilegiado. Específicamente, no se atribuye ninguna importancia a la **axiomatización** como tal, e incluso la teoría puede no ser axiomatizable en ningún sentido no trivial."

Connotación: 1) En **lógica** y en **filosofía del lenguaje**, la C de un concepto es su comprensión o **significación**; se la llama también **intensión** de un término: son las propiedades compartidas por todos los objetos de la **extensión** del mismo, 2) En **lingüística** y **semiología**, autores como Roland **Barthes** la definen como el conjunto de rasgos secundarios, adicionales y periféricos de significación. Así, el empleo de un **significante** tal como "ese comunacho" (por "comunista") permite distin-guir un segundo **significado** que es el de la actitud despreciativa. Como tales, los signos de connotacion presentan a su vez la naturaleza bifásica (**significado/significante**) de todo **signo lingüístico**. Ver también **denotación**, 3) En la perspectiva reformulada de Kerbrat-Orecchioni, se habla de C cuando se comprueba la aparición de valores de significación cuya información *no* se confunde con la del **referente** del discurso.

Constatativos: Ver **performativos**.

Contexto: En la **teoría de la enunciación**, el C remite a la situación concreta de **comunicación**. El **análisis del discurso** relaciona los **enunciados** con sus C. Entienden al **discurso** como una actividad inseparable de su C. No existe un consenso homogéneo en **lingüística** sobre la naturaleza del C; sin embargo, sí existe unanimidad respecto a cierto nucleo de constituyentes que deben tomarse en cuenta para caracterizarlo: los participantes del discurso, su marco espacio-temporal y su objetivo, que se relaciona íntimamente con el **género discursivo**.

Convencionalidad: Puesto que el **signo lingüístico** es arbitrario, **Saussure** postula que la única razón de ser para que a un **significante** X le corresponda un **significado** X, o viceversa, es que el uso social así lo ha establecido. Al compartir una comunidad de hablantes la misma **lengua**, asigna los mismos significantes o **imágenes acústicas** a los mismos **conceptos o significados**. Ver también **arbitrariedad del signo**.

Cotexto: Designa el **entorno** textual inmediato de una entidad discursiva. En general se reserva la noción para designar el entorno específicamente verbal (los distintos elementos lingüísticos que están antes y después de un elemento X en un texto dado). Se lo distingue así de la situación comunicacional general, o **contexto**. Ver también **anáfora** y **catáfora**.

Crónica: Proceso de selección y ordenamiento de **datos** tomados de un hecho histórico, que se ordenan teniendo en cuenta la línea temporal de ocurrencia (**cronología**). Se diferencia de los **anales** en que éstos se anotan a medida que suceden los hechos y la C se elabora con posterioridad. A diferencia de lo que ocurre con la **noticia**, la C es fundamentalmente un **discurso** narrativo: relata un acontecimiento que procura el efecto de un desarrollo cronológico. Representa, de este modo, la temporalidad. En la esfera del periodismo, las diversas C pueden clasificarse como policiales, políticas, sociales o deportivas.

Cronolecto: Ver **dialecto**.

Cualisigno (Charles Peirce): En la primera **tricotomía**, **Peirce** divide al *representamen* en tres tipos de **signos**: C, **sinsigno** y **legisigno**. El primero, el C, se corresponde con la categoría de **primeridad** (ver también **segundidad** y **terceridad**) en tanto es una cualidad que en sí misma es una mera posibilidad (un color, una forma, etc).

Curso de Lingüística General (Ferdinand de Saussure, 1916): Título de la obra mediante la cual se conoce la **lingüística** saussureana. En rigor, ésta no fue escrita por **Saussure** sino que es una compilación de notas y apuntes tomados por sus discípulos. En ella, Saussure establece el concepto clave de la lingüística y la **semiología**: el **signo**, y propone como objeto de estudio la **lengua**, no como un hecho histórico sino como un **sistema**. Hoy es considerado el precursor del **estructuralismo**.

D

De Saussure, Ferdinand: Ver **Saussure, Ferdinand de**.

Decisigno (Charles Peirce): Signo de la existencia real de un objeto. También llamado **signo dicente**, el D es la **ley** de la existencia o signo de un **sistema** que se pone en uso concreto en una situación determinada, en un contexto adecuado, donde el **signo** se representa como un hecho para el **interpretante**.

Decodificación: Parte del **proceso** de **comunicación** que se relaciona con el proceso de **interpretación** de un **mensaje** por parte de un **receptor**. Éste adjudica **significados** a los **significantes** recibidos, decodificando un **mensaje** enviado por un **emisor**. Para tal fin, debe conocer el funcionamiento del **código**. La D es la traducción de la información de modo que guíe la acción. Para tal traducción, el receptor cuenta con un marco de referencia propio que influye en sus percepciones: experiencias, conocimientos, sentimientos, etc. Ver también **codificación**.

Deconstrucción: La D refiere a una multiplicidad de corrientes teóricas y críticas que comparten una impronta post-saussureana y post-estructuralista. Tienen como fundamento el pensamiento filosófico de Jacques **Derrida**. El concepto de diferencia tal como lo articulaba **Saussure** y la tradicion estructuralista es sustituida en la obra de Derrida por el de *différence* (término en francés que juega con las palabras "diferencia" y "diferir" en el sentido de *aplazar, posponer*). Para Saussure, un **signo** tiene **significado** en tanto es *diferente* de otros. Derrida agrega a esta noción que el significado siempre está siendo *diferido*: nunca está totalmente presente. Por ejemplo, si se rastrea el significado de una **palabra** en un diccionario, se ve que éste siempre difiere incesantemente. No hay nunca, entonces, un **sentido** primero y original que establezca una **significacion** definitiva. Derrida, a su vez, ataca el pensamiento binario de la tradicion filosofica moderna, de la que el **estructuralismo** forma parte. Ésta se basa en oposiciones binarias (**verdad/falsedad**, **naturaleza/cultura**, etc.) en las que siempre un término del par impone una "violenta jerarquía" sobre el otro. Uno de los dos términos controla al otro y sostiene la posicion superior. Según Derrida, para deconstruir la oposición debe desbaratarse la jerarquía. Una lectura deconstructiva debe apuntar a una cierta relacion (no percibida por el emisor del **discurso**) entre lo que éste logra controlar de la **lengua** y lo que se le escapa. Esta relacion es una **estructura** significante que la lectura deconstructiva debe producir.

Definición: Manifestación de lo que significa un **signo** o grupo de signos. Se compone de un *definiens* (signos que definen) y un *definiendum* (signo a definir). Funciones de la D: aumentar el vocabulario, eliminar la **ambigüedad**, reducir la **vaguedad**, etc. Para muchos autores, dar una D del concepto "F" es dar **condiciones necesarias** y **suficientes** para que una cosa sea F.

Definiendum: Parte de la **definición** que expresa el **símbolo** a definir. Por ejemplo: "perro". Opuesto: *definiens*.

Definiens: **Enunciación** del **significado** de un término. Parte de la **definición** que está dada por los **símbolos** que se usan para definir al *definiendum*. Por ejemplo: "animal de cuatro patas", para definir "perro".

Deícticos: Elementos lingüísticos que señalan la presencia en el **enunciado** de los componentes de la situación de **enunciación**. Se trata de marcas personales (*yo, tú, nosotros*, etc), temporales (*ahora, ayer, en este momento*, etc.) y espaciales (*este, ese, aquí, allá*, etc.) El valor referencial (ver **referencia**) de los D depende del **contexto** de enunciación. De este modo, *yo* es un D porque se identifica como el individuo que, en cada ocurrencia, en cada evento enunciativo, dice *"yo"*. La categoría incluye, en especial, las personas lingüísticas, los demostrativos (*este* libro, *aquí*, etc.) y los tiempos verbales (sobre todo, el presente y el futuro). E. **Benveniste** planteó que los D representan la introducción del **discurso** en la len-

gua. R. **Jakobson** los denominó *"shifters"* o "embragues".

Deixis: Ver **deícticos**.

Denotación: 1) **(Charles Morris):** Objetos que componen los ejemplos de un **término**. Se la llama también **extensión**. Hay términos que no tienen D, aunque sí **intensión** o **connotación** (por ejemplo, un hada). También, la D designa el conjunto de **características definitorias** de un término. Por ejemplo, "silla" tiene como D el conjunto de todas las sillas habidas y por haber, 2) **(Roland Barthes):** es la relación referencial que tiene un signo o un **enunciado** con el **objeto** al que alude. Así, términos como "mujer", "mina" o "señorita" tienen la misma D aunque varíen en la **connotación** (ver).

Denotatum: En la **lógica** de Charles **Morris**, los *denotata* son los elementos de una clase. Así, por ejemplo, todas las vacas habidas y por haber son los *denotata* de la clase *designada* por el **signo** "vaca". Ver también *designatum*.

Derrida, Jacques (1930-2004): Filósofo francés. Basándose en la **fenomenología** de **Husserl**, se especializó en la gramática y la **reconstrucción** (ver). Entre sus obras principales encontramos a: *De la gramatología* (1967).

Descodificación: Ver **decodificación.**

Descripción: A diferencia de la **narración** (ver), la D *no* produce la ilusión de un devenir cronológico de acontecimientos. Se caracteriza, por el contrario, por centrarse en los aspectos perceptibles, las formas espaciales, etc. Inserta en un texto narrativo, por ejemplo, funciona más bien como una "pausa" en la sucesión de acontecimientos.

Designación: Ver *designatum.*

Designado: Aquello que el **signo** nombra.

Designatum: En la **lógica** de Charles **Morris**, el *D* no alude a los objetos mismos sino que refiere a la *clase* o *especie* de objetos. Así, por ejemplo, "vaca" es un **signo** que nuclea las **características definitorias**, el conjunto determinado de propiedades que comparten todas las vacas (que son sus *denotata*, ver).

Destinador: Ver **enunciador.**

Destinatario: El D, o **enunciatario**, debe ser distinguido rigurosamente del **receptor** (ver) real de un **enunciado.** El D es un **sujeto** discursivo, es la imagen de aquel a quien quiere dirigirse el que produce el enunciado. Como lo explicara **Benveniste**, quien enuncia asume siempre el lenguaje para dirigirse a otro, imaginario o real: ese otro es el D. En consecuencia, el D no siempre es *necesariamente* el receptor real y efectivo de un enunciado. Una carta interceptada o una conversacion escuchada a hurtadillas suministran ejemplos de receptores que reciben un enunciado pero sin ser sus D.

Determinaciones emocionales: Se llaman así a todos los condicionamientos sensibles, psicológicos o afectivos que pueden incidir en la **producción** y **recepción** de discursos. Se establecen junto a las **competencias comunicativas.**

Determinaciones "psi": Catherine Kerbrat-Orecchoni ubica las DI (psicológicas, psicoanalíticas, psiquiátricas, etc.) junto con las **competencias linguisticas**, las **competencias culturales** y las **competencias ideológicas** (ver) en las esferas del **emisor** y el **receptor** de un **discurso** (ver). En sus términos, éstas inciden de modo notable en las operaciones de **codificación** y/o **decodificación** (ver) de un discurso.

Diacronía (Ferdinand de Saussure): Del latín *diacronos*, "a través del tiempo". Enfoque de los cambios y evolución de un **fenómeno** (en el caso de la **lingüística diacrónica**, un fenómeno lingüístico) a través del tiempo y de la **historia.** Opuesto: **sincronía**.

Dialecto: Habla regional en el interior de una **comunidad** en la que rige una **lengua** oficial. Cada D, a su vez, está constituido por una multitud de formas locales, a veces lo bastante importante como para que los usuarios de una lengua no entiendan a los de otra. Las más de las veces, la lengua oficial es también, y simplemente, un D que se ha erigido autoritariamente por sobre los otros. En la **lingüística** contemporánea, el concepto de D cobra gran relevancia, puesto que lingüistas como M.A.K. Halliday extienden muchísimo su alcance al relativizar el de comunidad lingüística. Por otra parte, el D se clasifica con frecuencia tomando en cuenta el tipo de diferencia que caracteriza a su usuario. Así, se habla de **tecnolectos** (cuando se toma en cuenta la actividad técnica del hablante), **cronolectos** (cuando se toma en cuenta lo temporal del hablante, por ejemplo su edad o generación), **sociolectos** (la **clase social**), etc. Ver también **registro** e **idiolecto**.

Dicente: En la tercera **tricotomía**, **Peirce** divide al interpretante en tres tipos de signos: **rema, argumento** y D. El D es considerado como una **proposición** que, al estar en relación real con su objeto, o bien será verdadera o bien será falsa.

Dictum: Ver **modalidades**.

Diégesis: En términos de Gerard Genette, la D o el universo diegético es la historia contada, la cosa narrada, **enunciado** que es el producto del trabajo de la **narración** (que involucra tanto al narrador como al **destinatario** de su relato, o **narratario**). Así entendida, la D aparecerá en tantos tipos de textos y géneros como en los que haya narración: en la literatura, el cine, la historieta, el periodismo, etc.

Discurso: 1) Tomado en su acepción más amplia, el D designa una actividad de los **sujetos** hablantes en un **contexto** determinado. Así entendido, el D no implica nunca un **objeto** de estudio puramente lingüístico (a diferencia de la perspectiva de **Saussure**, por ejemplo), 2) El filósofo francés Michel **Foucault**, por su parte, caracteriza al D como un conjunto de **enunciados**, en tanto pertenezcan a la misma **formación discursiva**. En su obra filosófica, el D del **poder** se vincula íntimamente con el **saber** y, en tanto tal, atraviesa todo el cuerpo social. Foucault analiza los mecanismos, técnicas y tecnologías que la dupla poder/saber pone en juego: la habilitación de ciertos sujetos a proferir ciertos D, la descalificacion de otros, la invención de disciplinas, etc, 3) En numerosas corrientes de **análisis**

del discurso (ver), el D se vincula en particular con la noción de **géneros discursivos** (ver), por lo que se requerirá estudiar la actividad de los interlocutores, su contexto de enunciación, las **instituciones** en las que están insertos, etc, 4) La **lingüística de la enunciación**, por su parte, basa gran parte de sus caracterizaciones en la ya clásica oposición que establece **Benveniste** entre D y **relato** (o **historia**). Según éste, el D se caracteriza como un tipo de enunciación en la que aparece un predominio de índices enunciativos, o **deícticos** (ver). En este sentido, el D se opone a la "historia", en la que predomina el uso de la tercera persona (con sus connotaciones de "objetividad") y de los tiempos verbales pretéritos. En su plano enunciativo, "los hechos parecen contarse a sí mismos", mientras que en el del D "alguien se dirige a alguien, se enuncia como **locutor** y organiza lo que dice a partir de la categoría de persona", 5) Un aspecto problemático del concepto de D es su relación con el par conceptual **lengua/habla** (ver) en Saussure. Según el teórico contemporáneo H. Parret, el D resulta un "texto contextualizado". En tanto tal, ocupa un lugar intermedio entre la lengua (pues no se confunde con el **sistema** abstracto en el que priman relaciones internas entre signos) y el habla (concebida como la realización individual y concreta de cada sujeto hablante). El D así conceptualizado presenta sus propias características regulares como objeto de estudio: desde la *deixis* y las **modalidades** (ver) hasta su relación con cada género discursivo en cuestión.

Discurso directo: Reproducción literal del **enunciado referido**. Es el caso de las **citas**: "**Lacan** dijo: *El inconsciente está estructurado como un lenguaje.*" (El enunciado citado aparece aquí en bastardilla). En los textos escritos, su marca gráfica la constituyen las comillas. Al no formular variaciones en la literalidad del enunciado referido, procura un efecto de "objetividad". En cuanto a lo gramatical, conserva las formas deícticas con referencia al contexto original de enunciación (ver **deícticos**).

Discurso indirecto: Reproducción del **enunciado referido**, pero incorporado al propio **discurso** a través de un verbo comunicativo (*decir, declarar, afirmar*, etc.), lo que permite efectuar variaciones en su literalidad. Ejemplo: "**Lacan** *dijo que* el **inconsciente** está estructurado como un **lenguaje.**" En cuanto a lo gramatical, pierde sus **deícticos** originales, que son sustituidos por otras localizaciones espaciales y temporales. Por ejemplo: "hoy" pasará a ser "aquel día", "aquí" por "ese lugar", etc.

Discurso referido: Ver **polifonía**.

Dispositio: Parte de la **retórica** clásica cuya función era la de distribuir y ordenar los **argumentos**. Presentaba a su vez subdivisiones (*exordio, epílogo, narratio y confirmatio*) y se abocaba a dos objetivos básicos: conmover y convencer.

Dominio fuente: Ver **metáforas conceptuales**.

Dominio meta: Ver **metáforas conceptuales**.

E

Eco, Umberto (1932 à): Semiólogo, filósofo y novelista italiano, se especializa en temas estéticos, semióticos y mediáticos. Influido por **Peirce**, se centra en la noción de **semiosis ilimitada** para subrayar la diversidad de los posibles **significados** de los signos según su contexto sociocultural de aparición. En sus términos, el de la **comunicación** es un **proceso** abierto y dinámico. Así, el **signo** es visto por E como una unidad cultural que puede asumir múltiples significados, lo que remite al concepto de **interpretante** en Peirce. La formación estrictamente semiótica de E lo ha llevado en ocasiones a polemizar con los postula-

dos y métodos de la **deconstrucción** (ver). Entre sus obras principales encontramos a: *Apocalípticos e integrados* (1964), *La estructura ausente* (1968) y *Tratado de semiótica general* (1975).

Efecto de sentido: Ver **connotación**.

Efectos emotivos del lenguaje: Sensación que causa la utilización de diferentes **términos** o expresiones. Por ejemplo, los EEL serán muy distintos si utilizamos "encargado del edificio", "portero" o "fregatimbres".

Eje de la combinación (Roman Jakobson): El EC es el equivalente de las **relaciones sintagmáticas** en la **lingüística** de Saussure. Ver también **metáfora, metonimia** y **eje de la selección**.

Eje de la selección (Roman Jakobson): El ES es el equivalente de las **relaciones asociativas** o **relaciones paradigmáticas** en la **lingüística** de Saussure. Ver también **metáfora, metonimia** y **eje de la combinación**.

Ejemplar: Ver **sinsigno**.

El medio es el mensaje (Herbert Marshall Mc Luhan, 1967): Obra de **Mc Luhan** en la que destacó la importancia de las **tecnologías** de comunicación en la transmisión de **mensajes**. En la visión de este autor, el propio **medio de comunicación** logra un impacto en el **receptor** mayor que el mensaje en sí mismo. Mac Luhan sostenía que los medios constituyen extensiones del cuerpo, la mente y el ser de los hombres. No son simples herramientas para transmitir **información**, sino que influyen sobre las relaciones humanas.

Elipsis: 1) Supresión de elementos lingüísticos en una construcción. La E se efectúa para evitar la **repetición** o la **redundancia**, por lo que se entiende que el elemento elidido es de fácil reconstrucción para el **receptor**. Por ejemplo, en enunciados como "Martín fue; yo no" se elide en la segunda construcción el verbo "ir". En otros casos, la E puede darse en ciertos fenómenos gramaticales como el de sujeto tácito, pues las formas verbales conjugadas permiten ver la persona ("Cantamos toda la noche" hace E de la forma "Nosotros"). El uso de la E es uno de los aspectos que hacen a la **cohesión** (ver) del texto, 2) El término se usa de modo similar, extendido, en la narratología (estudio de textos narrativos). Así, si una **narración** presenta un segmento como el siguiente: "Llegó a las doce y se acostó, vencido. A la mañana siguiente, se levantó como nuevo", se infiere que se ha hecho E en la narración del tiempo transcurrido.

Elisión: Ver **elipsis**.

*Elocutio***:** Una vez encontrados los **argumentos** (ver *inventio*) y repartidos por grandes grupos en las partes del **discurso** (ver *dispositio*), queda la tarea de "ponerles **palabras**", función que corresponde a la *E*. Éste es, quizás, el terreno de mayor controversia en los estudios sobre argumentación. Su evolución a lo largo de los siglos fue sumamente azarosa hasta que se la relegó a la catalogación de "ornamentos", *tropos* o **figuras retóricas** (ver) en los textos poéticos. Actualmente, sin embargo, su estudio se considera imprescindible para el análisis de los discursos argumentativos.

Embrague: Ver **deíctico**.

Emisor: 1) **Sistema** que emite los **mensajes** en un modelo matemático de la **comunicación**, 2) En **lingüística** y **teoría** de la **enunciación**, corresponde al **sujeto** que emite un **mensaje**.

Encodificación: En la **teoría de la comunicación** la E es el **proceso** por el que el **emisor** trata de hacer comprensible un **mensaje** dirigido a un **receptor** (quien, a su vez, lo decodifica).

Enunciación: **Benveniste** definió a la E como la puesta en funcionamiento de la **lengua** por un acto individual de utilización. De este modo, la E se distingue de su producto, el **enunciado** (ver). Benveniste caracteriza la E como un acto de apropiación de la lengua que sirve para establecer un proceso de diálogo, puesto que toda E se dirige real o virtualmente a un otro (ver **destinatario**). El aporte fundamental de la **lingüística** de la E fue resaltar la dimensión autoreferencial de la actividad lingüística (ver **autoreferencialidad**). Así, un enunciado puede hacer referencia al mundo sólo reflejando en primera instancia el acto de la propia E. De esta manera, tanto las personas como el tiempo del enunciado encuentran su anclaje en la E (ver **deícticos**). La E constituye en sí misma un hecho por el que debe comenzar el análisis lingüístico del **discurso**, al ser ésta un acontecimiento unico que se define en el tiempo y en el espacio.

Enunciación citada: Según lingüistas como Courtés, la EC constituye un simulacro de la **enunciacion**. Es frecuente en muchos tipos de narraciones literarias cuando, por ejemplo, dentro de la enunciación de un relato se "enmarca", se incluye a otra enunciación. Así, un narrador parece ceder su propio espacio textual e incluye dentro de su propia enunciación la de otro enunciador. Ver también **cita**.

Enunciación enunciada: La EE puede remitirse a otras enunciaciones pasadas o futuras, o bien puede darle la **modalidad** (ver) a todo el **enunciado**. En el primer caso ("Siempre *me digo* que fue un error") el **sujeto** agrega su propia **enunciación** pasada a la presente; en el segundo ("*Te estoy diciendo* que lo lamento") actúa como una modalidad para enfatizar la **aserción** (ver).

Enunciado: Afirmación o **proposición** sobre cierta parte de la realidad, resultado de una **enunciación**. **Objeto** observable, la manifestación aquí y ahora de una **oración** con **función informativa**, susceptible de ser verdadera o falsa. Por ejemplo: dos personas distintas dicen en distintos momentos "Hace frío." La oración es la misma, pero el E es distinto. En él se reconocen dos niveles: el enuncivo -la información o la **historia** contenida y transmitida- y el enunciativo -el proceso de enunciación por el que un yo es responsable de ese E-. El primero -lo enunciado- es explícito y posee **sujeto**, verbo y **objeto**; el segundo -la enunciación- es implícito y también posee su propio sujeto, verbo y objeto. Por ejemplo, en el E "Juan está comiendo caramelos", "Juan" es el sujeto, "comer" es el verbo y los caramelos son el objeto construido en el E. El sujeto de la enunciación, en cambio, es el que haya dicho el E, el verbo es el decir -el cual siempre expresa una acción transitiva- (siempre se dice a alguien, un *tú*), y el objeto de la enunciación es el E "Juan está comiendo caramelos." El objeto del E y de la enunciación es a lo que se orienta la acción del sujeto, por lo que entre el sujeto y el objeto existe algo que los une. El E es el resultado de una enunciación concreta y determinada, única e irrepetible. A su vez, puede permanecer aún cuando el **emisor** ya no se encuentra en el lugar, pero da cuenta de esa situación.

Enunciador: En la **lingüística** de **Benveniste**, el E es quien se apropia del aparato formal de la **lengua** para articular un **enunciado** (ver). Para teóricos posteriores como Ducrot o Parret, es necesario efectuar mayores distinciones. En primera instancia, el E puede coincidir o no con el **locutor** (el **sujeto** empírico que ejecuta la acción de hablar); fenómenos tales como la **ironía** (ver), las diversas formas de la **polifonía** (ver) o ciertas enunciaciones en nombre de **instituciones** o agrupaciones, etc. hacen imprescindible definir al E como una instancia que subyace a todo enunciado pero trasciende la voluntad o la conciencia de un **sujeto** particular. El E se redefine entonces como una figura constituida por su propio enunciado y que tiene una existencia básicamente verbal.

Enunciados referidos: Ver **polifonía**.

Enunciatario: Ver **destinatario**.

Enunciatema: Concebida en un sentido amplio, la **lingüística** de la **enunciación** se propone estudiar las relaciones entre el **enunciado** (ver) y los diversos componentes de la enunciación: los interlocutores, el **contexto** espacial y temporal, las condiciones generales de la producción y recepción de **mensajes**. Todas las unidades lingüísticas que funcionen como **índices** de la enunciación son, según Kerbrat-Orecchioni, portadoras de un rasgo semántico específico al que se denomina E.

Epilenguaje: Ver **metalenguaje**.

Escuela Crítica (Alemania, 1923-1981): Corriente filosófica con elementos del **Psicoanálisis**, el **marxismo y el existencialismo**, también conocida como la "**Escuela de Frankfurt**". Surgida tras la derrota de la **revolución socialista** en Europa Occidental y el triunfo del **fascismo**, la EC estudia temas tales como la **ideología**, el **autoritarismo**, las luchas e intereses de las **clases sociales**, la influencia de los intereses económicos y políticos, la alienación del hombre moderno en el marco de la **sociedad** consumista e hipertecnológica, el papel de los **medios de comunicación de masas**, la **indus-**

tria cultural, la falsa **neutralidad** de la **ciencia**, entre otros. Fundada por Max **Horkheimer**, entre sus representantes encontramos también a Theodor **Adorno**, Walter Benjamin, Herbert **Marcuse** y Jürgen **Habermas**.

Espiral argumentativo: Series de argumentaciones deductivas encadenadas. Son cadenas de **entinemas** enlazados, donde la segunda **proposición** explica el atributo de la primera, la tercera proposición el atributo de la segunda y así sucesivamente. Es un modelo de **razonamiento** que intenta llevar a un auditorio hacia una **conclusión** deducida, pero sólo tienen una apariencia lógica dado que son encadenamientos arbitrarios.

Esquema de la comunicación (Harold Lasswell, 1948): Teoría de la comunicación basada en el siguiente planteo: *"¿Quién* dice *qué,* por *qué* canal, a *quién* y con *qué* efecto?"* Fue un modelo de **comunicación** colectiva que se construyó en 1948 con fines de propaganda **política**. En 1949, C. **Shannon** lo retomó para la construcción de aparatos de transmisión.

Esquema de la comunicación (Roman Jakobson): Seis son los factores constitutivos de todo **proceso** lingüístico, de todo acto de **comunicación** verbal: el *destinador* envía un **mensaje** al *destinatario*. Para ser efectivo, el mensaje requiere primeramente de un *contexto* (**referente**) al cual remite. Este contexto es captado por el *receptor* y es verbal, o al menos susceptible de ser verbalizado. El mensaje requiere luego de un *código*, común en su totalidad o al menos parcialmente, al destinador y al receptor. Finalmente, el mensaje requiere un *contacto* o un *canal* entre el destinador y el destinatario, que les permitirá establecer y mantener la comunicación.

Estereotipos: Creencias y representaciones que mantienen los **sujetos** respecto de **grupos**, sujetos u objetos. Se caracterizan por ser *preconceptos*; no se dan como **hipótesis** a confirmar sino, más bien, como descripciones simplificadas e imágenes reductoras. Así, siguen vigentes representaciones hegemónicas como las del judío avaro, el indígena salvaje, el homosexual afeminado, etc. Actualmente, las **Ciencias Sociales** no se preocupan tanto por determinar si los E son correctos o incorrectos sino de determinar su papel en la cognición humana. Además, pueden funcionar como factores de cohesión social y devenir elementos constructivos en la relación de los sujetos humanos consigo mismos y con sus otros. Ver también *clichés* y **prejuicio.**

Estilema: Construcción formal peculiar que es recurrente en un autor, que permite en ocasiones reconocerlo, y que caracteriza a su escritura, su uso particular de la **lengua**.

Estilística: Ver **estilo**.

Estilo: 1) En el uso corriente del término, no necesariamente científico, se habla de E para referirse al conjunto de recursos lingüísticos elegidos por el **enunciador** de un **discurso**, 2) Objeto de estudio de la **estilística**, que lo define como un uso poético de la **lengua** que se desvía de la norma lingüística general, o uso corriente. La **lingüística** contemporánea ha descartado los presupuestos de la estilística pues considera que no es tan factible establecer con precisión una única norma homogénea, 3) Para **Bajtin**, toda consideración del E de un **enunciado** debe vincularlo forzosamente con su **género discursivo** (ver). Así, habrá géneros que se caracterizan por un estilo más bien elevado (el discurso religioso, por ejemplo) y otros por uno más informal (desde la charla cotidiana hasta ciertos productos de los medios masivos, por ejemplo), 4) Ver también **subcultura**.

Estructura (estructuralismo): Según C. **Lévi-Strauss**, conjunto constituido por elementos relacionados entre sí que forman una totalidad, fuera de la cual no puede comprenderse a cada parte individualmente. El aporte más original del pensamiento levistraussiano es su afirmación de una E universal, común a todas las sociedades humanas, subyacente a la diversidad de **culturas** concretas, una suerte de esqueleto común. En general, se diferencia del **sistema** en que la E trata de explicar fenómenos no observables directamente (es un **modelo** lógico para analizar y representar situaciones **empíricas**), aunque también se habla de E como del orden en que están distribuidos los elementos de un sistema. Así, son ejemplos de E el **complejo de Edipo**, el mecanismo capitalista de la **plusvalía** o la **prohibición del incesto**. Según el **funcionalismo**, la E es la parte estática del **sistema social**, que se forma en relación con pautas organizativas que originan adhesión al sistema. La E es considerada como la red visible de las relaciones sociales donde los fenómenos culturales visibles son analizados para determinar su funcionalidad. Según el **marxismo**, la E es el conjunto de las relaciones materiales y objetivas entre los hombres (ver). A diferencia de Lévi-Strauss, para **Marx** el cambio estructural no siempre genera una auto-reproducción de la E, ya que ésta tiene contradicciones que pueden llevar a su transformación. En **Psicología**, observamos una diferenciación entre las E como todo estático de la *Gestalt* y las E concebidas como **proceso cognitivo** en la **Psicología genética de Piaget**.

Estructuralismo (1928 à): Modelo teórico que se interesa por las totalidades organizadas o **estructuras** –partes interrelacionadas que forman un todo- y por los aspectos universales atemporales de la **conducta** humana –en particular, del **lenguaje**-, sin considerar los elementos históricos. A diferencia del **funcionalismo**, el E no se va a abocar al estudio de la red visible de relaciones sociales, sino a la búsqueda de la **lógica** profunda que subyace en los **sistemas** socio-culturales. El principal representante y a su vez inspirador del E antropológico fue Claude **Lévi-Strauss**. Los antecedentes del pensamiento levistraussiano se encuentran fundamentalmente en la **lingüística** de **Saussure**, la **fonología** de **Troubetzkoy** y **Jakobson**, el **formalismo ruso** de Propp y las formulaciones del **Círculo de Praga**. El contexto histórico-social del E antropológico está marcado por la finalización de la **Segunda Guerra Mundial** y el **proceso de descolonización**, campo fértil para esta **teoría** social cuyo objetivo principal es el estudio de las estructuras universales de la mente humana y de sus fundamentos psico-lingüísticos. El punto de partida del E se encuentra en lo siguiente: existe una lógica del pensamiento humano que, basándose en las estructuras innatas de la mente, produce formas universales. La lingüística va a convertirse en una ciencia madre y la **Antropología** tomará como misión el estudio científico de los productos culturales generados por las operaciones del intelecto, ya que las operaciones mentales o las estructuras representan el **significado** real de la **cultura**. En la teoría de Lévi-Strauss encontramos tres conceptos centrales: la **invariancia universal**, las **oposiciones binarias** y las **reglas de transformaciones**. Esas tres nociones se nuclean en dos nociones claves: a) el concepto de **oposición**, donde lo verdaderamente significativo para definir relaciones entre elementos u objetos son las diferencias: el **sistema** de relaciones es a la vez, un sistema **semiológico** de oposiciones significativas y, b) el descubrimiento de las diferencias, es decir, de las relaciones y del sistema, descansa sobre el supuesto de la invariancia: las formas del **mito** o de las relaciones de **parentesco** descansan sobre un universal. En **Psicología**, el enfoque estructuralista surgió en oposición al **elementalismo asociacionista** de la **Psicología clásica** y el **conductismo** watsoniano. Aunque con características muy distintas, pertenecen al E las corrientes psicológicas de la *Ges-*

talt (aunque limita la totalidad a los fenómenos visibles), el **Psicoanálisis**, la **Psicología genética** y las ligadas al **marxismo** (**Vigotsky**, **Reich**, aunque sólo parcialmente ya que en éstos la **historia** es determinante). Las teorías de **Althusser**, **Lacan**, **Foucault**, **Barthes** y **Chomsky** pueden también incluirse dentro del E. Defendido como **método** para identificar y comprender relaciones ocultas o latentes, su carácter **a-histórico** y reproductor del orden vigente, junto con una negación de la autonomía del **sujeto** para transformar la **sociedad**, son las principales críticas que ha recibido esta corriente.

Etnolingüística (**Benjamin Lee Whorf**): Rama de la **lingüística** que estudia a las **lenguas** en sus relaciones con los contextos socio-culturales en los que se desenvuelven. Su **objeto de estudio** es la **comunidad** cultural en su relación con el **lenguaje**, motivo por el cual la E tiene una fuerte **impronta** antropológica. En las décadas del 1930-40 en **Estados Unidos**, B. L. Whorf -basándose en las investigaciones de Sapir- desarrolló la **hipótesis Sapir-Whorf**, que plantea que la lengua hablada es determinante en el modo de conocer la realidad. Whorf se propuso demostrar que las categorías fundamentales del pensamiento no son las mismas en inglés, por ejemplo, que en una lengua no indoeuropea —como la de los indios hopi—. Esta hipótesis fue leída posteriormente de modo tal que llevó a implicaciones racistas, puesto que llegó a considerarse que ciertos sujetos estaban menos capacitados ontológicamente que otros para acceder a ciertos tipos de pensamiento. En la actualidad la E prefiere considerar más la presencia de un condicionamiento cultural que la de una firme determinación. También llamada **sociolingüística** o **lingüística antropológica**, la E recibió aportes de autores como **Durkheim**, Mauss, **Saussure**, **Tylor**, **Boas**, Bloomfield y Pottier.

Exégesis: Explicación, interpretación. En especial, refiere a la disciplina que se encarga de la interpretación de Libros Sagrados (por ejemplo, de la **Biblia**).

Exégeta: Intérprete de un texto.

Exordio: Ver *dispositio*.

Expresiones metafóricas: Ver **metáforas conceptuales**.

Extensión: Ver **denotación**.

F

Fema: Componente expresivo del **discurso**, en oposición al **concepto de sema**, relacionado con el contenido.

Figuras retóricas: A menudo llamadas también *tropos*, han sido objeto de estudio privilegiado de la Antigua **Retórica** y, en la actualidad, de los estudios literarios y sobre argumentación. De acuerdo a las particiones de la Retórica clásica, pertenecen propiamente a la *elocutio*. Se trata de los *usos figurados* de las **palabras**, por lo cual históricamente se las ha visto como un "desvío" respecto del sentido común, corriente de éstas. Si bien habitualmente se las estudió en los textos literarios, en la actualidad el **análisis del discurso** las encuentra en todo tipo de textos y de géneros. Entre ellas, suelen contarse: la **aliteración**, la *hipérbole*, la antanaclasis, la **antítesis**, el *oxímoron*, etc. Dos figuras, sin embargo, son las primordiales: la **metáfora** y la **metonimia** (ver ambas entradas).

Filología: Disciplina que estudia las **lenguas** en su relacion con la **Historia** y la literatura. Se propone la búsqueda del **significado** original de un texto, es decir: en el **contexto** social y cultural en que éste se produjo. En su combinación con otras disciplinas (**Sociología**, **Antropología**, Historia), han surgido algunas corrientes vinculadas a la **hermenéutica** (ver). A su vez, tanto la **lingüística** contemporánea de *raigambre* saussureana como el **análisis del discurso** no la consideran una disciplina propiamente lingüística.

Flashback: Ver *analepsis*.

Flashforward: Ver *prolepsis*.

Fonema: Concepto fundamental de la **fonología**. El F es la unidad mínima del **significante** (ver): no puede segmentarse ni descomponerse pero, si es reemplazado por otro F, permite distinguir significados. Así, si el F *t* en "Marta" es reemplazado por el F *c* se estaría ante otro **signo**, con otro **significado:** "marca". Es digno de resaltar que ya los fundadores de la fonología moderna (el **Círculo de Praga**) estipularon que el F no se confunde con el sonido efectivamente pronunciado por un hablante. Distintos hablantes producen distintos sonidos pero todos ellos comparten, sin embargo, los mismos F. Éstos, en tanto tales, pertenecen al mismo **sistema** de la **lengua**.

Fonética: A diferencia de la **fonología**, la F no es considerada por todos los autores como una disciplina propiamente lingüística. La F, en cambio, estudia los sonidos efectivamente proferidos, que remiten a las diferentes hablas de los diferentes miembros que comparten una lengua.

Fonética funcional: Ver **fonología**.

Fonocentrismo: Ver **gramatología**.

Fonoestilema: El F equivale a la noción de **estilema** pero referida exclusivamente al aspecto fonético del enunciante. Remite por lo general a la **función emotiva** o **función expresiva** del **lenguaje**.

Fonología: Disciplina que estudia a los **fonemas** de una **lengua**, concebida ésta como un **sistema**, tal como lo estipula la lingüística de Saussure.

Formación discursiva: La noción fue introducida por Michel **Foucault** en su libro *La arqueología del saber*. Designa conjuntos de **enunciados que** pueden relacionarse con un mismo **sistema** de reglas, históricamente determinadas. Por ejemplo: los enunciados de una **ciencia** determinada en un mismo período histórico están sometidos todos ellos a las mismas reglas. La noción entró al **análisis del discurso** (ver) a través de las conceptualizaciones del lingüista francés Michel Pêcheux. En el análisis del discurso que postulaba Pêcheux, la FD designa todo sistema de reglas que rige la unidad de un conjunto de enunciados, a los que el análisis circunscribe sociohistóricamente. En la actualidad, se usa la noción para referirse a discursos (políticos, religiosos) con posicionamientos ideológicos sumamente marcados.

Formalismo ruso (Rusia, 1915-1930): Corriente de críticos y teóricos de la literatura. Entre sus protagonistas se encontraron I. Tinianov, Schlovski, R. **Jakobson**, etc. Fuertemente marcados por la **lingüística** de **Saussure** y los movimientos poéticos de la vanguardia soviética de su tiempo, procuraron fundar una **ciencia** de la literatura. En este sentido, consideraron que el análisis literario debía apartarse tajantemente de consideraciones de tipo histórico, biográfico o psicológico. Buscaron definir una especificidad del **objeto de estudio** literario. No consideraban que la literatura reflejara la historia o la **sociedad** sino, en cambio, que constituía un objeto en sí mismo, con sus propias leyes y regularidades. Por eso mismo, fue central para ellos el concepto de **sistema** tal como lo entendió Saussure. Su incidencia posterior en movimientos como el **Círculo de Praga** o el **estructuralismo** fue notable.

Fuente: Ver **emisor**.

Función apelativa: Ver **función de apelación.**

Función ceremonial: Función del lenguaje que es una combinación de las **funciones expresiva** y **directiva**, ya que manifiesta sentimientos o actitudes con el fin de influir en los demás. Ejemplo: "Los bendigo en el nombre del padre..."

Función conativa: Ver **función de apelación.**

Función de apelación (Karl Bühler): En la **teoría de la comunicación**, la FA es la que compete al **destinatario**, en oposición a la **función expresiva**, propia del **emisor**. R. Jakobson la llamó **función conativa**. Por ejemplo, "¡Callate y quedate tranquilo!"

Función de expresión (Karl Bühler): En la **teoría de la comunicación**, la FE es la que compete al **emisor** en cuanto a su actitud frente a lo que habla, en oposición a la **función conativa**, propia del **receptor**. R. Jakobson la llamó **función expresiva**. Por ejemplo, "¡Me molesta que me griten!"

Función directiva: Según **Wittgenstein**, una de las tres **funciones del lenguaje**, usada para provocar o impedir una conducta o acción. Son casos de FD las órdenes, los pedidos y las preguntas no **retóricas**. No puede determinarse su **verdad** o falsedad. Ejemplo: "Le ordeno que se siente". También conocida como **función prescriptiva.**

Función ejecutiva: Función del lenguaje por la cual, al ser pronunciadas ciertas **palabras** -"verbos realizativos"- en un contexto, se concreta la acción descripta por las palabras (expresadas con un verbo en primera persona del modo indicativo). Ejemplo: cuando el funcionario del registro civil dice "Los declaro marido y mujer". También llamada **función operativa.**

Función emotiva: Ver **función de expresión.**

Función expresiva: Según **Wittgenstein**, una de las tres **funciones del lenguaje**, cuyo propósito es comunicar, no conocimientos, sino sentimientos y actitudes. No puede determinarse su **verdad** o falsedad. Expresa planteos **subjetivos**, como estados de ánimo, valores, etc. Ejemplo: "¡Bravo!"

Función expresiva: Ver **función de expresión.**

Función fática (Roman Jakobson): En la **comunicación**, esfuerzo de los interlocutores por comunicarse y hacerse entender. Por ejemplo, cuando estamos hablando por teléfono y hay algún **ruido**, y le decimos a la otra persona "Hola, ¿me escuchás?" estamos utilizando la FF.

Función informativa: Según **Wittgenstein**, una de las tres **funciones del lenguaje**, usada para describir el mundo y razonar acerca de él. Sólo de la FI puede establecerse su **verdad** o falsedad. Es el **lenguaje** de la **ciencia**. Por ejemplo, "La Plata es la capital de la Provincia de Buenos Aires". También llamada **función descriptiva, referencial** o **declarativa**.

Función metalingüística (Roman Jakobson): Cualidad de los **enunciados** de referir a su propio **código**. Sirve para explicar el **lenguaje** mismo. Por ejemplo, "La posición "A" significa "apagado" y la posición "B" significa "encendido". Es el caso también de los diccionarios.

Función operativa: Ver **función ejecutiva**.

Función poética (Roman Jakobson): Consideración del **enunciado** como poseedor de un **valor** en sí mismo. La FP se centra sobre todo en la forma que asume un mensaje. Por ejemplo, "Con las manos de todos haremos la libertad".

Función prescriptiva: Ver **función directiva**.

Función referencial: Ver **función informativa**.

Función referencial (Roman Jakobson): En la **teoría de la comunicación**, el contenido que un **emisor** comunica a un **destinatario**, el tema del que habla y el contexto en que esto se produce. K. **Bühler** le había llamado representación o **función representativa**.

Función representativa: Ver **función referencial**.

Funciones del lenguaje: Cada uno de los usos del **lenguaje**. Las tres principales son la **función informativa**, la **función directiva** y la **función expresiva** (ver las entradas correspondientes). Una **oración** se usa expresivamente si lo que se pretende es expresar sentimientos y su **significado** no es ni verdadero ni falso. El ejemplo paradigmático de esta FL es la poesía. Una oración es directiva cuando su propósito es el de originar o impedir una acción y su significado tampoco es verdadero ni falso. Por ejemplo, cuando damos una orden, o pedimos por favor que nos pasen la ensalada. Por último, la oración o el **discurso** cuya función es informativa dice algo acerca del mundo y por tanto, expresa una **proposición** que puede ser verdadera o falsa o bien expresa un razonamiento cuyas proposiciones pueden ser verdaderas o falsas. Tal es el caso de los enunciados de la **ciencia** y las **teorías**. Irving Copi señala que en el uso cotidiano del lenguaje lo más frecuente es que se superpongan varias funciones. Por ejemplo, si alguien dice "Me duele la muela", está expresando su dolor del mismo modo que cuando dice "¡Ay!" pero además puede interpretarse su oración como informativa: nos está informando que le sucede algo y en principio podría estar mintiendo (puede ser falsa tal proposición). En el análisis de las FL se destaca L. **Wittgenstein**. En el campo de la **teoría de la comunicación**, R. **Jakobson**, a partir de las conceptualizaciones de K. **Bühler**, determinó los actos inherentes al **proceso** comunicativo. Categorizó seis distintas FL de acuerdo a los seis factores constitutivos de su **esquema de la comunicación**. En este esquema, además del mundo (**contexto**), el **emisor** y el **receptor**, Jakobson hace intervenir en el acto comunicativo el **código** lingüístico empleado, el **mensaje** y, finalmente, el contacto (**canal**) entre ambos interlocutores. Agrega entonces a las tres funciones conceptualizadas por Bühler —la **función referencial** (centrada en el referente o contexto), la **función expresiva** (centrada en el emisor) y la **función apelativa** o **función conativa** (centrada en el **destinatario**)—, la **función metalingüística** (casi todos los enunciados comportan alguna referencia a su propio código), la **función poéti-**ca (que concentra la atención en el mensaje en sí mismo) y la **función fática** (que se caracteriza por entablar o mantener el contacto). Como todas estas funciones se verifican simultáneamente en todos los actos comunicativos, Jakobson propone tomar en cuenta la dominante, la que predomina en cada acto comunicativo particular.

G

Géneros discursivos: Según las conceptualizaciones del teórico soviético M.M. **Bajtin**, los GD son tipos estables de **enunciados** que remiten a una misma esfera de la actividad social. Así, esferas tales como las de la justicia, por ejemplo, generan enunciados relativamente típicos y estables como: resoluciones, *habeas corpus*, **sentencias**, etc. Las esferas periodísticas generarán tipos de enunciados tales como: noticias, **crónicas**, etc. Los enunciados pertenecientes a cada GD presentan semejanzas tanto en su **estructura** como en su temática y su estilo. En la perspectiva de estudio de Bajtin, los GD son un **objeto de estudio** privilegiado pues remiten al uso concreto y social de la **lengua**. En la actualidad, los teóricos del **análisis del discurso** (ver) ven a Bajtin como un pionero indiscutible.

Giro lingüístico: Expresión que hace referencia a un conjunto de pensamientos filosóficos y teóricos —sumamente heterogéneos— nucleados sobre todo en torno al **estructuralismo** y el post-estructuralismo. A partir de conceptualizaciones tan dispares como la **lingüística** de **Saussure**, las obras filosóficas de Jacques **Derrida** (ver **deconstrucción**) o L. **Wittgenstein**, el denominado GL pone el acento en la capacidad del **lenguaje** para organizar y articular lo real. El lenguaje así entendido cumple una funcion crucial en prácticamente todos los fenómenos que estudian la **Filosofia** y las **Ciencias Sociales**

Glosemática: Elaborada por el lingüista danés L. Hjemslev, la G desarrolla y expande dos **tesis** fundamentales de la **lingüística** de **Saussure**: 1) que la **lengua** no es una forma sino una sustancia y, 2) que toda lengua es a la vez expresion y contenido. En la medida en que la G atribuye una importancia sideral a la forma de la lengua, relega notablemente el aspecto funcional o comunicativo. Hjemslev propone una tipología de los lenguajes basada exclusivamente en sus propiedades formales.

Grafema: A diferencia del **fonema** (ver), el G remite a la materialidad específica de la escritura. Así, en el español por ejemplo, al fonema /s/ le corresponden G tan diversos tan como "c", "s" y "z".

Graffiti: Se llama *G* a múltiples formas de inscripción o pintura, generalmente sobre paredes, vehículos, puertas o espacios públicos en general. Suelen presentar enunciados de referente político y social, a menudo de carácter marcadamente opositor y contestatario. También suelen ser llamados *G*, por extensión, los *eslógans* que se han popularizado con estas técnicas (como los del **Mayo Francés**, entre ellos: "**La imaginación al poder**").

Gramática: Disciplina fundada en 1660 por Claude Lancelot. En su sentido más tradicional, la G busca establecer los principios que rigen al **lenguaje** y a las diversas lenguas **concretas** (idiomas). La G así entendida consta de dos áreas: 1) la **morfología**, cuyo objeto son las **palabras** (independientemente de su aparición en la frase), a la que distribuyen en diferentes clases o "partes del **discurso**" (verbos, sustantivos, adjetivos, etc.), indicando cuáles son las posibles variaciones que pueden sufrir (número, género, modo, etc.) y, 2) la **sintaxis**, que estudia la combinación de las palabras en la frase (orden, concordancia, régimen, etc.) A lo largo del siglo XX, la **lingüística** ha cuestionado y reinterpretado varios de estos postulados básicos.

Noam **Chomsky** (ver), por su parte, fundó la **G generativa transformacional**, que busca establecer las características de una G universal (de la cual las distintas G particulares —o idiomas— son productos), en la cual la sintaxis en particular adquiere una relevancia central.

Gramática generativa transformacional: Ver **gramática**.

Gramatología: Concepto acuñado por el filósofo francés Jacques **Derrida**, quien ha emprendido una extensa obra criticando los fundamentos mismos de la **lingüística** contemporánea, sobre todo a partir de **Saussure**. En principio, la G toma como **objeto de estudio** privilegiado la escritura. En términos de Derrida, la **filosofía** y la lingüística occidentales —incluyendo la lingüística de Saussure— han privilegiado históricamente la **palabra** hablada en detrimento de la escritura, a la que consideran un mero "suplemento", una reproducción auxiliar o un instrumento del lenguaje hablado. Hay en esta tradición (a la que Derrida denomina *fonocentrismo*) una serie de **juicios de valor** y una estructuración jerárquica implícita, cuyos orígenes se remontan a **Platón** y que Derrida cuestiona profundamente. Ver también **deconstrucción**.

Habermas, Jürgen (1929 à): Filósofo y sociólogo alemán, discípulo de T. **Adorno** y heredero del pensamiento de la **Escuela crítica**, aunque con una postura más optimista. Negó la **neutralidad** de la **ciencia**, criticando la **racionalidad instrumental positivista**, y desarrolló la **teoría de la acción comunicativa**, con la que aspiraba a liberar al hombre realizando la aspiración incumplida de la **Modernidad** ilustrada, en base al desarrollo de la **intersubjetividad** y la libre discusión racional, a la que observa como perfectamente lúcida. Entre sus obras principales encontramos a: *Teoría de la acción comunicativa* (1981).

***Habitus* lingüístico (Pierre Bourdieu):** Condiciones sociales bajo las cuales se producen los **discursos**. Visto de este modo, los discursos están condicionados por la situación dentro de la cual se producen.

Habla (Ferdinand de Saussure): La parte individual del **lenguaje**, un **fenómeno** individual, en contraposición al carácter social de la **lengua** (ver). La lengua es un **código** y el H implica el uso de este código por los **sujetos** hablantes.

Hermenéutica (siglo XIX à): (Del griego *hermeneutiké*, que significa "**interpretación**"). En su sentido tradicional, es la ciencia o el arte de la *interpretación* y la comprensión del sentido de las cosas. Originariamente la H interpretaba los signos que dominaban los oráculos y, posteriormente, tuvo una gran importancia histórica en la interpretación de textos incompletos o confusos. En **Ciencias Sociales** se la ha utilizado como un acercamiento a la **acción social**, por ejemplo en Max **Weber**, quien la buscaba entender a través de la **conducta subjetiva** socialmente significativa. Wilhelm **Dilthey**, por su parte, definía a la H como "la **doctrina** del arte de comprender las manifestaciones de la vida". Según este autor, la H permite comprender a un autor y a una época mejor de lo que el autor mismo lo haría. En la tradición filosófica moderna, la **praxis** de la H también remite al problema del entendimiento y la **interpretación.** Entre sus representantes contemporáneos más destacados se incluye a filósofos tan dispares y heterogéneos como Hans-George **Gadamer** y Paul **Ricoeur.** En la H se postula que para comprender o entender algo, primero debe formularse el **sentido** de la totalidad de la que forma parte. Así, para entender el pasaje de un texto hay que conocer la totalidad verbal en la que éste está inserto. En la actualidad, el contrincante más notorio de la H lo constituye la llamada **deconstrucción** (ver). El filósofo posmoderno Jean Baudrillard ha sostenido que la **Posmodernidad** asiste a un derrumbamiento de toda certeza, la disolución de toda interpretación basada en una "verdad". La **Modernidad,** por el contrario, fue la era de lo que él denominó "H de la sospecha" de pensadores como **Marx** o **Freud:** la búsqueda de un sentido subyacente tras la realidad engañosa de las apariencias. Ver también **código hermenéutico.**

Hipérbole: Figura retórica que consiste en aumentar o exagerar el atributo de un referente (aquello de lo que se habla). "Estoy muerto de cansancio", "Lloró a mares" constituyen ejemplos habituales.

Hipertexto: 1) En su sentido más contemporáneo, un H es un documento digital que se puede leer de manera no secuencial. Presenta los siguientes elementos: secciones, enlaces y anclajes. Las secciones (o nodos) son los componentes del H, o hiperdocumento. Los enlaces (*links*) son las uniones entre nodos que facilitan la lectura secuencial o no secuencial del documento. Los anclajes son los puntos de unión entre nodos. En la actualidad, los mejores ejemplos de H lo constituyen las páginas *web,* 2) Ver también **transtextualidad.**

Hipertextualidad: Ver **transtextualidad.**

Hipótesis Sapir-Whorf (Benjamin Lee Whorf): El lingüista norteamericano B. L. Whorf sostuvo que la **estructura** de la **lengua** de cada **comunidad** lingüística determina su comportamiento y su manera de concebir la realidad. Comparando la lengua *hopi* con el inglés, Whorf llegó a la conclusión de que existe un **determinismo** lingüístico. Ver también **etnolingüística**.

Hipotexto: Ver **transtextualidad**.

Homonimia: Fenómeno que se da cuando una misma realidad fónica remite a significaciones totalmente dispares. Por ejemplo, la cadena fónica *"papel"* puede remitir al **significado** "material del que está hecha una página" o bien al significado "rol" ("Alfredo Alcón cumple el *papel* protagónico"). La H puede producirse a partir de una misma construcción sintáctica. Así, "Hago obedecer a Carlos" puede significar "Hago que Carlos obedezca" o "Hago que alguien obedezca a Carlos". Ver también **ambigüedad** y **polisemia**.

I

Ícono (Charles S. Peirce): Tipo de **signo** que entabla una relacion de semejanza, de **analogía** con su objeto. Fotografías y dibujos constitu-

yen ejemplos de I. Según **Peirce**, es un signo puramente por similaridad con cualquier cosa a la que sea parecido. Un I es un *representamen* que por su cualidad es similar a su objeto, al que sustituye. El I se opone al **índice**, que tiene con el objeto una relación de contigüidad natural, y al **símbolo**, que se vincula al objeto por medio de una convención.

Ideologema: Ver **máximas ideológicas**.

Idiolecto: El término designa la forma propia de hablar de cada **sujeto** en particular. Se considera en el I lo que éste tiene de irreductible respecto al **grupo de pertenencia** de este sujeto. El uso de este término es polémico en **lingüística**: algunos autores lo consideran irrelevante o incluso erróneo. Postulan que si hay un **código** que hace posible la **comunicación**, es absurdo postular un tipo de **lenguaje** significativamente individual. Opuesto: **sociolecto**.

Ilocución: Ver **acto ilocucionario**.

Ilocutorio: Ver **acto ilocucionario**.

Imagen acústica (Ferdinand de Saussure): Sonido específico reconocido en la **sociedad**, asociado a una idea convencionalizada o **concepto**. Representación que adquiere el **signo**, es la huella o marca psíquica de un sonido, una **palabra** escuchada (o escrita). La IA no es el sonido que emitimos mediante la fonación de la palabra, sino su marca psíquica o imagen mental de un nombre que le permite al hablante decirlo. No hay que confundir la IA con el **significante**, el cual constituye la forma de expresión de un signo. En el caso de la **lengua** oral el significante es un tipo de sonido particular llamado IA, pero podría ser en otros **sistemas** un grafismo, o un dibujo, o un gesto. Ver también **significado**.

Imaginario social: Modo en que la **sociedad** se piensa a sí misma. **Percepción** que un **grupo social** tiene de la sociedad, lo que constituye una organización de **significados** compartidos que cumple una **función** ordenadora y reguladora de las relaciones sociales. Ficciones, imágenes, mentalidades, **metáforas, mitos, religiones, ideologías**, esto es, representaciones colectivas, son los contenidos esenciales del IS, que implica al mismo tiempo un dispositivo utilizado por el **poder** para legitimarse ante la sociedad.

Implicaturas conversacionales: Si en una conversación un hablante desacata intencionalmente una de las **máximas conversacionales** (ver) y rompe con el **principio cooperativo** (ver), probablemente es porque pro-

cura que el hablante haga una **inferencia** y descubra un **sentido** intencionado que no puede hacerse explícito. Así, por ejemplo, si frente a la pregunta "¿Cuántos años tenés?", el interlocutor responde "Muchos" el otro participante infiere que aquel, al violar la máxima de cantidad (da menos información de la necesaria) no quiere explicitar su edad.

Índice (Charles S. Peirce): Tipo de **signo** que entabla con el **objeto** una relación existencial, de modo que participan los dos —el signo y el objeto— de una misma experiencia (por ejemplo, el humo es Í del fuego, el pulso acelerado, de haber corrido y el sudor, de que alguien tiene calor o, más en general, un efecto como I de su causa). El I refiere al objeto en tanto es realmente afectado por ese objeto. Según **Peirce**, los I se distinguen por tres rasgos característicos: 1) a diferencia del **ícono** (ver) no tienen ningún parecido significativo con el objeto, 2) a diferencia del **símbolo** (ver), remiten a entidades puramente individuales, nunca generales y, 3) dirigen la atención a sus objetos por una compulsión ciega.

Indicio: Ver **índice**.

Industria cultural (Escuela crítica, mediados del siglo XX): Proceso de conversión de las manifestaciones de la **cultura** en **mercancías**. Según **Adorno** y Horkheimer, la IC es un **fenómeno** propio de las sociedades de **consumo**, especialmente en referencia con los **medios de comunicación de masas** productores de cultura a nivel industrial –cine, radio, diarios, música, etc- y expresaría –según esta visión- la **alienación** y **cosificación** del hombre en la **sociedad capitalista**, especialmente de la **clase obrera**, controlada socialmente y con una actitud conformista, pasiva y manipulable, que no cuestiona el orden social ni los **productos** culturales mercantiles y superficiales que consume. Esto puede verse, por ejemplo, en el trabajador frustrado que ve en el cine la historia del **trabajador** exitoso que se hizo rico o se casó con una estrella, lo que le provoca una **"catarsis"** que le permite seguir afrontando su dura **vida cotidiana**. Es el mundo de la **racionalidad instrumental**, que a los pensadores de la **Escuela crítica** los hace caer en un profundo pesimismo. El "acto cultural" se transforma en **"valor de cambio"**, en un objeto que se puede vender y comprar degradando la cultura al estandarizarla y convertirla en un **producto** más de la sociedad capitalista (aunque pueden haber otros fines en su difusión: políticos, ideológicos o de valores estéticos que requieren de esa industria para ser reconocidos).

Inferencia: 1) En **lógica** se emplea el **término** I para designar a cualquier clase de **razonamiento**, incluso a aquellos que son incorrectos. Un razonamiento es todo paso desde ciertas **premisas** hacia una **conclusión**. Hay por tanto I válidas e inválidas. Nexo lógico que permite obtener de uno o varios conocimientos, un nuevo **conocimiento**. También se la puede definir como el **proceso** por el cual se llega a una **proposición** y se la afirma sobre la base de otra u otras proposiciones aceptadas como punto de partida. Las I permiten obtener **estructuras** lógicas de todo tipo. Entre estas estructuras se encuentran los razonamientos. No hay razonamiento sin I, sin esa operación de "salto lógico" que va de un conocimiento a otro; pero puede haber I sin razonamiento (aunque autores como **Deaño** los consideran sinónimos). La I queda indicada por términos como "por lo tanto", "por consiguiente", "en consecuencia"; también por una barra horizontal, por un triángulo de puntos \ o una barra inclinada /. 2) En **análisis del discurso**, la I es una proposición extraída de otra mediante una regla (consciente o no). Así, se designan en general como I las proposiciones implícitas que un **receptor** puede extraer de un **enunciado**, apoyándose en este enunciado mismo o en informaciones relativas a la situación de **enunciación**.

Información: En la **teoría de la información** (ver), unidad o elemento que puede expresar un **emisor** hacia un **receptor** a partir de un **código** y que apela a recursos como la **redundancia** para limitar los efectos nocivos del **ruido**: a mayor cantidad de redundancia más posibilidades tiene un **mensaje** de ser correctamente decodificado. En los procesos de **codificación** la redundancia es entonces necesaria pues tiende a resolver esos problemas de ruido que perturban la transmisión y decodificación de mensajes. Aunque un mensaje 100% redundante posea I cero, un mensaje 100% original —es decir, lleno de I pero en principio carente de redundancia— es ininteligible o por lo menos indecidible. La I es la transmisión de datos en forma ordenada, tal como se producen en el circuito de máquinas. Hasta fines de los años ´70, la **comunicación** se entendió como un proceso de transmisión de información a partir de modelos cibernéticos que reducían a la relación lineal entre emisor y receptor, eliminando **sentidos** divergentes y enfatizando la eficiencia de un proceso y su autorregulación. Roman **Jakobson** equiparó el **proceso** de codificación y decodificación de mensajes a los procesos de la **informática**, donde la codificación es un proceso que transforma el mensaje en señales. Esta señal llega hasta un decodificador que se encarga de restituir el mensaje original al **destinatario**. En la comunicación lingüística, decodificador y destinatario coinciden en una misma persona.

Informática: Tratamiento de la **información** por medio de computadoras.

Intensión: Ver **connotación**.

Interdiscursividad: Se suele denominar *interdiscurso* al conjunto de discursos con los que entra en relación un **discurso** determinado en un momento histórico. Así, por ejemplo, puede relacionarse un discurso político determinado con otros con los que mantiene relaciones diversas y tensionadas: otros discursos políticos con los que mantiene relaciones de competencia y disputa, discursos religiosos, periodísticos, etc.

Interlocutores: En **lingüística** de la **enunciación**, el **locutor** y el **alocutario**. Obsérvese que, según **Benveniste**, toda enunciación se inscribe en una interlocución.

Interpretación: Hay I cuando se otorga un **significado** a todas las expresiones de un **sistema formal** o **cálculo**, convirtiendo las fórmulas en **enunciados** de los que se puede establecer su **verdad** o falsedad. Los sistemas tienen **términos primi-**

tivos y **términos definidos** (a partir de los términos primitivos), por lo cual basta con asignar significado a los primeros para interpretar todo el sistema. Los **términos lógicos** no están sujetos a I porque son constantes; su significado está asignado por la **lógica** subyacente al sistema. La I es un conjunto ordenado que tiene un dominio y una función que asigna **individuos** y clases de individuos a los términos primitivos (ya que son **símbolos** de un **lenguaje** de **predicados** y los predicados se definen extensionalmente: por ejemplo, el predicado "x es un perro" se define como la clase o el conjunto de todos los perros. Y si digo que algunos perros son marrones, estoy diciendo que hay una intersección entre el conjunto de los perros y el conjunto de las cosas marrones). Si el sistema tuviera un lenguaje proposicional, lo que es infrecuente, no se asignaría significado a términos sino a **formas proposicionales** (por ejemplo: p = Andrés desayuna). Un mismo **sistema axiomático** puede tener distintas I. Las I que hacen verdaderos a todos los axiomas del sistema son **modelos** del mismo.

Interpretante (Charles S. Peirce): En el **proceso** de la **semiosis ilimitada**, el I es otro **signo**, diferente del *representamen* (ver) pero que refiere al mismo **objeto** que éste. Así, son ejemplos de I la traducción de un concepto a otra lengua, el signo equivalente en otro **sistema** semiótico diferente al del *representamen*, etc. En la **semiótica** de **Peirce**, en efecto, la relación entre *representamen* e I es de traducción. El *representamen* es un signo que se traduce en el I, que a su vez se corresponde con el **significado** del primero.

Intérprete (Charles S. Peirce): Dado que la **semiótica** de **Peirce** no es de ninguna manera un marco teórico psicologista, se desinteresa por completo del I —el **sujeto** usuario de los signos— y piensa en cambio la **semiosis** (ver) en términos estrictamente lógicos y formales. Según Umberto **Eco**, el **interpretante** (ver) no es jamás el I sino, en todo caso, aquello que garantiza la semiosis. Peirce, por su parte, ha señalado reiteradamente que el **signo** para ser signo debe poseer un interpretante antes que un I, lo que da cuenta de su firme antipsicologismo.

Intertextualidad: A partir de las conceptualizaciones de **Bajtin**, el **análisis del discurso** postula con el **concepto** de I que un texto, todo texto, se inscribe en una cadena virtualmente infinita compuesta por otros textos. De este modo, un texto es considerado el producto de un trabajo sobre textos anteriores o contemporáneos. Las relaciones que un texto establece con otros, por otra parte, pueden ser extremadamente heterogéneas: plagio, disputa, **parodia**, polémica, negación, comentario, imitación, etc. Para el análisis del discurso, concretamente, el uso de este concepto implica tomar en cuenta varios textos a la vez —puesto que la **estructura** interna de un solo texto aislado como fenómeno puramente individual y autónomo es una mera ilusión epistemológica—. La lectura de Bajtin que hizo la **semiótica** contemporánea y el análisis del discurso han llevado a que el uso del concepto proliferara en forma inusitada. El teórico francés contemporáneo Gerard Genette, por su parte, prefiere hablar de **transtextualidad** (ver), concepto al que confiere un uso más restringido.

Inventio: Parte de la **retórica** (ver) que estudia la búsqueda o creación de **argumentos.** En tanto tal, la *I* determina de qué va a hablarse y postula los argumentos necesarios para desarrollar un **discurso** que convenza o persuada a sus **destinatarios.**

Ironía: Se produce la I cuando se invierte el **valor de verdad** de un **enunciado**, al confrontárselo con las condiciones de su **enunciación** (el **enunciador** mismo, la situación comunicativa, etc.) Es, en consecuencia, un acto de **polifonía** (ver). En la I coexisten dos enunciados de sentido contrario: el efectivamente emitido (irónico) y el implícito, que debe inferir el **interlocutor.** La **inferencia** (ver) se produce cuando se reconoce la inadecuación del enunciado explícito respecto de la situación de enunciación. Ver también **antífrasis** y **sarcasmo.** Por ejemplo, cuando los británicos vencieron a la armada española, calificaron a ésta como la "Armada invencible".

Iteración: Tipo de **narración** que relata de una sola vez lo que ocurre o ha ocurrido una cantidad de veces. "Cada noche de su vida volvió a recordar lo que ella le había jurado". Hace a la frecuencia del relato. Ver también **anacronías.**

J

Jakobson, Roman (1896-1982): Lingüista y fonólogo ruso, miembro del **formalismo ruso** (ver) y del **Círculo Lingüístico de Praga** (ver). Adhirió a la idea de la **lengua** como **sistema** de relaciones, propuesta por **Saussure** y ejerció influencia en C. **Lévi-Strauss**, aunque su concepto de "estructura" era más dinámico y evolutivo que el que desarrollaría posteriormente este antropólogo. Llevó a la **fonología** (ver) las propuestas lingüísticas de **Saussure.** Junto con N. Troubetzkoy, sostuvo que las relaciones entre sonidos en contextos específicos determinan el **sentido** y el **significado**. Esto es así debido a que los sonidos en el **lenguaje** no tienen un significado por sí mismos, sino que se definen por la diferencia con los demás: el lenguaje –entonces- es un sistema de **significados**, y el **habla** no se compone de sonidos sino de **fonemas**. El contexto y la identidad del hablante, y el papel de los **deícticos** como vínculos entre el **código** y el **acto de habla**, son elementos claves en su esquema. En la **teoría de la comunicación** reelaboró y completó el esquema básico de Karl **Bühler** (emisor-receptor-mensaje) estableciendo seis elementos: **destinador, destinatario**, código, **contexto**, mensaje y **referente**. La **metáfora** y la **metonimia** son también dos conceptos fundamentales en su **teoría**. Recibió también influencias de la **teoría** matemática de la **información**. Su obra es de suma importancia en cuestiones de **lingüística** contemporánea como el **análisis del discurso**, su **esquema de la comunicación** y sus conceptualizaciones sobre las **funciones del lenguaje** (ver). Entre sus obras principales encontramos a: *Ensayos de lingüística general* (1974).

Jerga: Lenguaje que sólo pueden entender aquellos que forman parte de un grupo determinado debido a que tiene algún grado de especialización técnica. Por ejemplo, la J de los psicólogos.

Juegos de lenguaje (Ludwig **Wittgenstein**): Para **Wittgenstein**, el **lenguaje** es un conjunto de juegos lingüísticos con reglas que hay que respetar para que tenga el mismo **sentido**. El **significado** de una **palabra** depende de su uso en un contexto de sentido o "forma de vida" dados. No se trata de un lenguaje que nos dé significados universales, sino que está vinculado con las prácticas de la **comunidad** que lo utiliza. Este concepto, presente en sus *Investigaciones filosóficas*, representa una ruptura con la obra anterior del autor que había inspirado al **Círculo de Viena**.

L

Lacan, Jacques-Marie Emile (1901-1981): Médico y Psicoanalista frances, el seguidor y crítico más importante de Sigmund **Freud**. Planteó que el **inconsciente** está estructurado como un **lenguaje**. Frente al orden simbólico de la **primera tópica** de Freud, y el orden **imaginario** de la **segunda tópica**, L introduce una tercera categoría, la de lo *real*, vinculada al goce y al cuerpo. Esto real es "lo que está en su sitio" (mientras que lo simbólico sustituye a lo que *no* está en su sitio). El reconocimiento por parte del niño de que su madre no tiene pene deriva en el concepto de **falo**, el **significante-símbolo** de lo que falta, de la ausencia. Expulsado de la Asociación Psicoanalítica Internacional, fundó sus propias escuelas, y es considerado uno de los pilares del **estructuralismo**, planteando que el **sujeto** está modelado por el **complejo de Edipo** y por las **estructuras** del lenguaje. En la práctica del **Psicoanálisis**, introdujo innovaciones en temas como el diagnóstico, el objetivo del análisis, la **interpretación** y la duración de las sesiones. Entre sus obras principales encontramos a: *Escritos* (1966) y *Cuatro conceptos fundamentales del Psicoanálisis*. Ver también **cadena significante** y **primacía del significante**.

Lasswell, Harold D. (1902-1978): Politólogo norteamericano, especialista en el análisis de la propaganda política y los **discursos** sociales. En 1948 publicó un artículo en el cual presentó un **modelo** de **comunicación** que se utiliza hasta el día de hoy. En este artículo describió el acto de comunicación con cinco preguntas: *"¿Quién dice qué, en qué canal, a quién y con qué efecto?"* (Ver **emisor-mensaje-medio-destinatario-efectos**).

Lecto: Variedad de la **lengua** definida por determinadas características del hablante. Así, la región de origen de un sujeto determinará su **dialecto** (ver).

Lengua (Ferdinand de Saussure): **Sistema** de **signos** y reglas que sirven a una **comunidad lingüística** (**gramática**), que se aceptan en una **sociedad** y que constituyen un idioma. **Saussure** la define como un producto social de la facultad del **lenguaje**, un conjunto de convenciones o **códigos** admitidos en una sociedad en las que se basan los **individuos** para hacer uso de la facultad del lenguaje (**proceso semiótico diacrónico**). Es decir, la L clasifica, establece **normas** que regulan la utilización del lenguaje, que permiten que el mismo pueda ser usado para comunicarse y transmitir pensamientos dentro de una comunidad. La L es social –la parte social del lenguaje, algo adquirido-, el **habla** (ver) es individual. En definitiva, es todo aquello que pertenece al lenguaje, menos el habla. La L es algo permanente, sus **códigos** son fijos para que todos puedan usarlos cuando entra en funcionamiento el habla.

Lengua natural: Se utiliza el término para referirse principalmente al **lenguaje** humano, en contraposición al **lenguaje formal** o **lenguaje artificial** (ver), que han sido creados deliberadamente con un fin explícito (lenguajes de programación, el lenguaje matemático o lógico, etc.) La LN evoluciona enmarcada por una **cultura** de hablantes nativos que la utilizan con una finalidad comunicativa. De esta forma, se distingue entre LN (los distintos idiomas) y el *esperanto* o *interlingua*, a los cuales se los denomina "lenguas planificadas". A diferencia del lenguaje formal, para el que el **significado** de una cadena o frase sólo esta influido por su aspecto o "forma", en la LN el significado específico y contextual de sus componentes interviene en la validez o invalidez de la frase. Ver también **lenguaje natural**.

Lenguaje: Facultad humana de comunicar pensamientos, sensaciones y percepciones por medio de un **sistema** de signos (**semiótica**). Mientras que para los lingüistas, el L es verbal y las demás son formas derivadas (L gestual, visual, táctil, etc), para los semiólogos se aplica la definición precedente, de carácter amplio, ya que sostienen que el **signo** no necesariamente es lingüístico (la escarapela o la señal de curva a la izquierda, por ejemplo, son signos no lingüísticos). Asimismo, se emplea el término para designar todo **código** cuyo fin es representar a otro objeto externo a él. Es por eso que puede hablarse de L pictórico, L musical, **L no verbal**, etc. Frente a este uso impreciso y difuso, diversas **teorías** lingüísticas han evitado el término y procurado otros con un alcance más restringido y concreto. Por ejemplo, frente al L, al que describe como multiforme y heteróclito, **Saus-**sure propone como **objeto de estudio** de la **lingüística** la **lengua** (ver), distinguiendo a ésta (aspecto social) del **habla** (aspecto individual). Por su parte, a partir de observaciones del comportamiento de las abejas, **Benveniste** distingue el L humano (variable, basado en el diálogo y la **polisemia**) de la forma de **comunicación** animal basada en un código de señales (invariable, unilateral, unívoca). También puede diferenciarse al **L natural** del **L formal** o **L artificial** y al **L objeto** del **metalenguaje**.

Lenguaje artificial: Conjunto de **símbolos** —con sus correspondientes **reglas de formación**—, creados deliberadamente para resolver o simplificar problemas, para formalizar teorías, etc. La **lógica**, la matemática, la computación suministran ejemplos de LA, en tanto sus **signos** no hacen referencia a objetos **empíricos** sino a operaciones o acciones. Se llaman **sistemas** formalizados si su lenguaje es artificial y no formalizados si usan una **lengua natural** (ver). Sin embargo, las reglas de manejo de los signos usualmente se dan en lengua natural. Consecuentemente, un LA es un sistema de signos cuyo **mensaje** solamente puede ser decodificado dentro del **contexto** de una lengua natural. Entre las virtudes de los LA se destaca el hecho de que hay un algoritmo o un procedimiento mecánico para determinar si una fórmula está bien formada o no. El problema del **significado** de sus **proposiciones** se reduce al problema del significado de sus **términos primitivos**. Por ejemplo, los lenguajes formalizados que constituyen la **lógica matemática** sólo se usan para garantizar la transferencia de la **verdad** de una afirmación a otra.

Lenguaje emotivamente neutro: Suele hablarse de LEN en referencia a **discursos** que no presentan explícitamente marcas de emotividad o **subjetividad**, por ejemplo en el caso de los enunciados científicos. En este sentido, se lo opone al **lenguaje emotivo**. Ver también **subjetivemas**.

Lenguaje emotivo: **Lenguaje** con una fuerte carga de **subjetividad**. Opuesto: **lenguaje emotivamente neutro**.

Lenguaje formal: **Lenguaje** al que se le han eliminado **términos** del lenguaje ordinario y sólo se emplean **símbolos** arbitrarios, de cuyo **significado** se prescinde con el fin de dirigir la atención a las relaciones entre los símbolos. Se usa en álgebra o **lógica**. Por ejemplo, "(a + b) = (b + a)". (Ver también **lenguaje artificial**).

Lenguaje natural: **Lenguaje** utilizado por los humanos para las comunicaciones ordinarias. Son los idiomas, como el castellano, el inglés, el francés, etc. El LN se va formando paulatinamente mediante el uso de un **grupo** social. Posee gran riqueza significativa, aunque adolece de **vaguedad** y **ambigüedad**. Opuesto: **lenguaje técnico** o **artificial**.

Lenguaje no verbal: Forman parte del LNV: los gestos, los movimientos corporales, las señales, el tono vocal, los distintos tipos de imágenes, etc. Al igual que todo otro **lenguaje**, se articula como un **código** determinado, con sus propias unidades y reglas. Se combina con la **lengua** en **sistemas** como, por ejemplo, los audiovisuales; en casos en los que no lo hace (la música puramente instrumental, las artes plásticas, etc.) establece sus propias modalidades de **significación**.

Lenguaje objeto (Rudolf Carnap): En la obra de **Carnap** *La sintaxis lógica del lenguaje*, se usan corrientemente los términos *LO* y **metalenguaje**. La construcción de los dos tipos de lenguaje permite afrontar la construcción de una sintaxis general para cada lenguaje. Así, Carnap tiene presente la distinción entre la **designación** y los objetos que ésta designa; y en ello funda la relación entre metalenguaje y LO. De este modo, sostiene que el *lenguaje sobre el que se habla* en un contexto es el LO y *el lenguaje en el que hablamos* sobre el primero es el metalenguaje. Entendido de este modo, la mayor parte de los **enunciados** cotidianos se inscriben en el LO, mientras que uno como "El español presenta una gramática complicada" se inscribe en un metalenguaje pues su objeto es a su vez un lenguaje.

Lenguaje técnico: Lengua natural a cuyas expresiones se les otorga un **significado** restringido, definido con precisión previamente. Al utilizar términos estrictamente definidos, reduce o elimina la **vaguedad** (ver) y la **ambigüedad** (ver). Es el **lenguaje** de la **ciencia** y lo es también todo lenguaje profesional o especializado. Por ejemplo, "Al paciente se le realizará una traqueotomía". Es importante señalar que el LT está compuesto por los mismos **signos** y sometido a las mismas reglas lingüísticas que la lengua natural en la que se inscribe. Ver también **definición**.

Lenguaje verbal: Ver **lenguaje**.

Lévi-Strauss, Claude (1908 à): Antropólogo y etnólogo belga, quizá el más importante representante del **estructuralismo**. LS sostuvo que la actividad intelectual no es reflejo de la organización concreta de la **sociedad**, sino que debe abocarse al estudio de la totalidad social, formada por una red de interrelaciones funcionales ubicada en un nivel no empírico o directamente observable. Convencido de que las operaciones mentales básicas del hombre son las mismas en todo tiempo y lugar –en oposición a lo planteado por el **evolucionismo**-, LS asignó gran importancia a los **mitos**, que sugieren la existencia de una **lógica** común a las experiencias de los hombres, lógica que se sitúa en un lugar subyacente e **inconsciente** y a la que hay que buscar -porque los explican- detrás de las relaciones inmediatamente observables. Para hacerlo, apela a la construcción **deductiva** de **modelos** abstractos. En este sentido, centra su atención en el análisis **sincrónico**, dejando un papel secundario para la **historia** y la **etnografía** (interesadas –afirma- en las particularidades) y proponiendo su superación por una **etnología** que ubica su atención en lo inconsciente y en el objetivo de lograr conclusiones más generales, apreciándose la influencia de F. **Saussure**. En este contexto, las reglas de **parentesco**, los mitos, el arte, la **religión**, los **procesos** narrativos y toda otra **institución** condicionan a los **sujetos**, que son concebidos como portadores de **estructuras** o cosas representadas y articuladas en el plano simbólico. Así, los **individuos** dirigen un juego sólo porque son primero dirigidos por **símbolos** y reglas. LS busca entender las relaciones más simples, inspirándose en el lingüista Roman **Jakobson**, de quien toma el concepto de **fonema** -la partícula mínima de sonido de un **lenguaje** necesaria para que se produzca la comunicación **lingüística**, que carece de sentido pero que permite ir reconstruyendo las significaciones-. En este sentido, el lenguaje o pensamiento simbólico (relacional, inconsciente) resulta clave para explicar la evolución humana, ya que el intercambio de **signos** o **palabras** se constituyó en el modelo de todas las demás formas de intercambio (bienes, mujeres, palabras, etc). Y allí no importa qué se intercambia, sino el hecho en sí del intercambio. LS establece una relación entre fonema y **prohibición del incesto**, describiendo a ambos como estructuras universalmente válidas, formas vacías pero indispensables, ya que ninguna de las dos tiene significado pero sin ellas no habría **significado**. De este modo, las relaciones de parentesco y las de la lingüística son iguales: en ambas los fenómenos observables derivan de **leyes generales** implícitas. La prohibición del incesto –cuya función es fomentar la **exogamia**-reúne en sí misma el carácter universal de los instintos y la **coerción** que tienen las leyes y las **instituciones**. Para LS la prohibición del incesto es el momento que se puede pensar como el pasaje entre la naturaleza y la **cultura**, la consecuencia de un **sistema significante** o cultural. Todas estas estructuras son entidades reales existentes en el cerebro. Entre sus obras principales encontramos a: *Las estructuras elementales del parentesco* (1949) y *Antropología estructural* (1958).

Lexema: Unidad mínima del **léxico**. Mientras que el L es *la palabra*, con su contenido o **semema**, el **morfema** (ver) o **monema** es la *unidad mínima* a partir de la que aquella se forma. Por ejemplo, el L "alumnas" está formado por tres morfemas, que indican respectivamente la idea de perteneciente al alumnado, del género femenino y de número plural.

Léxico: En **lingüística**, se utiliza el término L para designar a los múltiples recursos de que disponen los hablantes de una **lengua natural**. Ver también **vocabulario**.

Lexicografía: Parte de la **lingüística** dedicada a la elaboración de diccionarios y glosarios.

Linealidad del significante (Ferdinand de Saussure): El **significante** del **signo linguistico** (ver) tal como lo conceptualiza **Saussure** es de naturaleza *acústica*, se desarrolla sólo en el tiempo, por lo cual tiene una extensión y esa extensión sólo puede medirse como una dimensión lineal. En efecto, los elementos del significante se presentan uno tras otro, formando una cadena, básicamente por la imposibilidad de articular dos o más **fonemas** de una sola vez.

Lingüística: F. **Saussure** –fundador de la L moderna o científica– la define como aquella parte de la **semiología** que estudia la **lengua** considerada como un **sistema** de **signos lingüísticos**. Este autor es quien fija el **objeto** de la nueva **ciencia**: todo **lenguaje** humano, cualquiera sea su expresión, escrita u oral. La tarea del lingüista es estudiar la **estructura** de las lenguas y compararlas entre sí; hacer familias de lenguas y buscar **leyes generales** para todos los lenguajes. La lengua es una totalidad, donde sus piezas se determinan por su diferencia con las demás, sin términos positivos. Para la L, la lengua se articula en dos planos: lo significativo o **semántico** y lo fónico (o plano de la expresión, constituido básicamente por **fonemas**). Fue el propio Saussure quien hizo una historia de la L, distinguiendo tres etapas: 1- entre 1660 y el siglo XVIII, con los gramáticos de Port-Royal, Lancelot y Arnauld, quienes plantearon que el lenguaje es racional, un reflejo de las ideas y se basa en una **lógica** universal, 2- la **L diacrónica** del siglo XIX, que sostenía que la **historia** de una lengua concreta explicaba el estado actual de esa lengua. Consideraba que el lenguaje cumplía la función de nombrar, asociar **palabras** a cosas, de modo que creían posible rastrear un momento originario de coincidencia entre nombre y objeto y, 3- la **L sincrónica** del propio Saussure quien, desde una óptica **estructuralista**, traslada el eje desde la historia de la lengua al de la lengua en general concebida como un sistema. También han realizado importantes aportes a la L Roman **Jakobson**, Émile **Benveniste** y Noam **Chomsky**.

Lingüística antropológica: Ver **etnolingüística**.

Lingüística diacrónica (siglo XIX): Parte de la **lingüística** que analiza cómo unos términos o familias lingüísticas van reemplazando a otros con el correr del tiempo. A diferencia de la **L sincrónica**, esos términos no conforman un **sistema**. Según William Jones (1786), habría existido una **lengua** "perdida" perfecta, el indoeuropeo, de las que las demás lenguas son sucesoras empobrecidas.

Lingüística estructural: Denominación habitual en **lingüística** para hacer referencia al tipo de **teoría** lingüística cuyo iniciador fue **Saussure** y que prosiguió con algunas reformulaciones en lo que se ha dado a conocer como **estructuralismo**. Ver también **sincronía** y **diacronía**.

Lingüística histórica: Ver **lingüística diacrónica.**

Lingüística sincrónica (Ferdinand de Saussure): Parte de la **lingüística** que estudia las relaciones **lógicas** y psicológicas que vinculan a los términos o familias lingüísticas que forman un **sistema** a través del estudio de cortes temporales. Sus principios centrales son los siguientes: a) el **contexto** y el contraste crean una identidad **sincrónica**, b) el vínculo entre el sonido y la idea produce la forma y, c) el principio que diferencia el **significado** del valor, distingue a las formas entre sí generando el significado. Opuesto: **L diacrónica.**

Locución: Ver **acto locucionario.**

Locutor: Ver **enunciador.**

Lugares comunes: Expresiones y **enunciados** a los que apela un **enunciador** en su **discurso** y que se caracterizan por su falta de originalidad e individualidad. Le posibilitan entonces ser discursivamente aceptable con un mínimo costo enunciativo. En el **concepto** entran fenómenos tales como proverbios, refranes, dichos, etc ("Al que madruga Dios lo ayuda", "No hay mal que por bien no venga", "Lo importante es ser competitivo y entrar al Primer Mundo", por ejemplo).

Su importancia fue señalada entre otros por quienes trabajan en estudios sobre **argumentación** (ver).

M

Mac Luhan, Herbert Marshall (1911-1980): Sociólogo canadiense, especialista en el análisis de los **medios de comunicación de masas** (ver). En 1964 fue publicada la primera edición de *La comprensión de los medios.* ML anticipó el tránsito a la **aldea global** (ver) y afirmó que *El medio es el mensaje* (1967), que las **tecnologías** admiten ser consideradas como prolongaciones de nuestro cuerpo y nuestros sentidos. Son dos los criterios fundamentales que propuso ML para distinguir entre medios fríos y calientes: la definición de los datos que son transmitidos a través de un medio y el grado de participación de las **audiencias** para "completar" el medio. Los medios cálidos son de poca o baja participación, mientras que los medios fríos son de alta participación. ML fue en algunos sentidos un visionario, susceptible de anticipar la forma cómo los medios intervienen en la modelación de las sociedades hacia el futuro. La llamada *Sociedad de la Información y el Conocimiento* admite ser considerada como fase superior de la aldea global mcluhaniana. ML anticipó además el advenimiento de Internet y es reconocido hoy como fundador de una de las más importantes escuelas de comunicación: la *"media ecology"* (**ecología de los medios**). Se le ha criticado, por otra parte, un exceso de determinismo tecnológico a su **teoría**, que produjo afirmaciones tales como "**Hitler** fue una consecuencia de la radio".

Macroacto de habla: A lo largo de un **discurso**, aparecen varios **actos de habla** (ver), encadenados de una forma organizada. Por ejemplo, a lo largo de su exposición un docente realiza varios actos de habla: describe, expone, ejemplifica, argumenta, narra, etc. Puede decirse que todos estos actos de habla son componentes de un único MdeH general al que podría describirse, en este ejemplo, con el verbo *enseñar*.

Mass media: Voz inglesa que refiere a los **medios de comunicación** masivos o de **masas**.

Máximas conversacionales: H.P. Grice formula que para mantener el **principio cooperativo** (ver) de una conversación, deben seguirse cuatro máximas (que los hablantes obedecen sin necesidad de explicitarlas). La primera es una máxima de *cantidad* por la cual se entiende que cada hablante aportará a la conversación la dosis necesaria de **información**, sin excesos ni rodeos. La segunda es la de *calidad*, por la cual el hablante hará una contribución verdadera, o al menos a la que no crea falsa. La tercera, la de *relevancia*, estipula que se ajustará a un tema pertinente para la conversación. La última es la de *modo*, que establece que el hablante será ordenado y evitará la **ambigüedad** y la imprecisión. Obviamente, la mayoría de las conversaciones existentes infringe alguna o varias de estas máximas. Si la infracción es de carácter intencional, es posible que un hablante quiera producir **implicaturas conversacionales** (ver).

Máximas de Grice: Ver **máximas conversacionales**.

Máximas ideológicas: En la **retórica** de **Aristóteles**, los **lugares comunes** (ver) eran considerados **proposiciones** de validez universal. Algunos de ellos, sin embargo, serían considerados hoy totalmente cuestionables. Así, por ejemplo, el principio de que la tradición debe primar por sobre lo nuevo entra en contradicción con las máximas vigentes de nuestra **Modernidad**. Observando su carácter marcadamente histórico e ideológico, el teórico Marc Angenot propone llamar MI a esos conjuntos de proposiciones, extremadamente generales, que subyacen a una enorme variedad de **enunciados**, y les dan **legitimidad** y aceptabilidad. Pueden servir de ejemplos de MI presuposiciones tales como "La **democracia** es el mejor **sistema político**", "El futuro es más importante que el pasado", "La mujer nace para procrear y cuidar de sus hijos", "**Occidente** es mejor que **Oriente**", etc. Obsérvese, por una parte, el carácter extremadamente general y extendido de estas proposiciones y, por el otro, que rara vez aparecen explicitadas sino, en cambio, presupuestas. Son máximas que subyacen a una enorme cantidad de enunciados y los regulan, dándoles validez y "**coherencia**". Por otra parte, Angenot propone denominar **ideologema** a toda máxima cuyo sujeto lógico circunscribe un campo de pertinencia particular, claramente socio-histórico: "raza", "patria", "democracia", etc. Ver también **presuposiciones**.

McLuhan, Herbert Marshall: Ver **Mac Luhan, Marshall**.

Mediático: Referido a los **medios de comunicación** masiva. Que comunica a través de las imágenes.

Mediatizar: Intervenir entre el **emisor** y el **receptor** en el envío y recepción de un **mensaje**.

Medios cálidos: Ver **Mc Luhan, Marshall**.

Medios fríos: Ver **Mc Luhan, Marshall**.

Medios de comunicación de masas: Ver **medios de comunicación social**.

Medios de comunicación social (principios del siglo XX à): Medios escritos y audiovisuales cuya función es la **comunicación** masiva. La televisión, la radio, el cine, la prensa, etc., constituyen ejemplos paradigmáticos. Han sido pensados numerosas veces como formas industrializadas de producir **información**, entretenimiento y a menudo, **alienación** y conformismo en las llamadas **sociedades de consumo**. Desde ese punto de vista, se les ha criticado su reducción del juicio crítico, su alta carga de **ideología**, el predominio de lo visual sobre lo discursivo y de lo sensible sobre lo inteligible. También llamados *mass media*. Ver también **cultura de masas**.

Mensaje: En la **teoría de la comunicación**, es el contenido, lo que comunica el **emisor**. Se basa en un **código** (ver) y es transmitido a través de un **canal**. En la **teoría lingüística** de R. Jakobson, el par conceptual código-M equivale al de **lengua-habla** (ver) en **Saussure**.

Metáfora: 1) Consideradas desde la antigua **retórica** los dos *tropos* o figuras retóricas (ver) primordiales, la M puede distinguirse de la **metonimia** en tanto establece relaciones implícitas de semejanza entre lo que explicita y el **referente** al que alude. Un enunciado como "X es un burro" sobreentiende una relación de semejanza entre el referente X y el animal. Se consideraba entonces que había una sustitución: el elemento figurado sustituía a otro que no se explicitaba. Sin embargo, autores contemporáneos como Lakoff y Johnson postulan que en realidad no hay tal sustitución. Hay múltiples casos de M en que no se sustituye a una **palabra** ya existente y, por otra parte, lo literal no desaparece del todo sino que se superpone a lo figurativo, 2) Roman **Jakobson** trabaja sobre la M y la metonimia en su investigación sobre diferentes tipos de *afasia*. El mérito de esta investigación es haber sabido entrecruzar conceptos tomados de la **Psicología**, la **Lingüística**, la **Antropología**, etc. Jakobson parte de la idea de que hablar implica la interacción de dos actividades: la de la *selección* y la de la *combinación*. Hablar es seleccionar ciertos signos para combinarlos con otros formando mensajes complejos. Por otra parte, la selección siempre implica la posibilidad de la sustitución. Combinación y contextura son también caras de una misma moneda, pues todo signo adquiere su valor combinándose con

otros y está formado a su vez por otros signos constitutivos. El **mensaje**, por su parte, también es interpretado siguiendo ambos tipos de relación. De este modo, puede notarse que las categorías de combinación y selección de Jakobson se corresponden, respectivamente, con las de **relaciones sintagmáticas** y **relaciones asociativas** de **Saussure**, 3) Finalmente, Jacques **Lacan** vincula la M con la **condensación** y la metonimia con el **desplazamiento** (nociones que toma del trabajo *La interpretación de los sueños* de S. **Freud**). La diferencia fundamental entre M y metonimia es que en la primera el **sentido** surge de inmediato, mientras que la metonimia requiere de un trabajo de interpretación. Entre los **significantes** se establecen relaciones varias en lo que Lacan da en llamar una **cadena significante** (ver). Estas relaciones están regidas por la metonimia. En ésta se mantiene cierta resistencia a la **significación**, no se produce ningún **significado** nuevo. Además, los significados se deslizan continuamente bajo la cadena significante. Esto lleva a Lacan a pensar que por ejemplo, en el **acto fallido** de un paciente, cuando se produce el "error" hay una sustitución metafórica pese al encadenamiento metonímico que prosigue. La aparente incongruencia devela un significado nuevo, que es inconsciente e inesperado. El sentido nuevo se produce necesariamente en el "sinsentido" (metafórico).

Metáforas conceptuales: Para autores como Lakoff y Johnson, la función de la **metáfora** consiste en hacer entender **fenómenos** de tipo abstracto a través de elementos que son más bien concretos. Fenómenos abstractos como el tiempo, el conocimiento, etc., son identificados metafóricamente, lo que permite inteligirlos. Lakoff y Johnson distinguen en las MC un dominio fuente y un dominio meta: el primero está formado por aquel del que se extrae la imagen, el segundo por aquello a que se aplica la metáfora. Por ejemplo, en la expresión metafórica "No hay peor ciego que el que no quiere ver" puede distinguirse un dominio fuente que es "ver" de un dominio meta (conocer, darse cuenta, etc.). Las MC, por lo tanto, no se confunden con las **expresiones metafóricas**, que son aquellas efectivamente proferidas por los hablantes. Las MC agrupan una enorme cantidad de diversas expresiones metafóricas, que tienen en común que ponen en relación los mismos dominios fuente y meta. Finalmente, Lakoff y Johnson concluyen en que: a) las MC no se dan al nivel de las **palabras** sino al nivel de la comprensión, y b) no se producen a partir de una simple sustitución.

Metalenguaje (Rudolf Carnap): 1) **Lenguaje** que se emplea para hablar sobre otro lenguaje, llamado **lenguaje objeto**. **Carnap** planteó la diferencia entre el M (la lengua *que* hablamos) y el lenguaje objeto (la lengua *de la que* hablamos). Otra manera de expresar la diferencia es decir que en el lenguaje objeto se *usan* ciertos términos o signos y en el M se los *menciona*. Las afirmaciones que se hacen en el M son acerca del lenguaje objeto, acerca de sus **símbolos**, su correcto uso, etc, y por lo general los símbolos del M son diferentes a los del lenguaje objeto para evitar confusiones. Una de las consecuencias de confundir el M con el lenguaje objeto puede ser la afirmación de una **paradoja**, en la que se toman **enunciados** de los dos lenguajes como si pertenecieran a un único lenguaje de modo que pueden entrar en contradicción si se toma a uno de ellos como la negación del otro. Si en cambio se acepta que los dos lenguajes no tienen palabras con el mismo **significado**, esto no sucede. En el ejemplo "La **palabra** "inédito" es esdrújula", "inédito" es el lenguaje objeto y todo lo demás es M, 2) Para Roland **Barthes**, el M se opone a la **connotación** (ver), tal como él la define. En efecto, mientras que la primera permite distinguir un signo de connotación dentro del plano de la expresión o **significante** elegido, el M permite distinguir la presencia de otro **signo** dentro del plano del contenido o significado. Esta conceptualización aparece severamente criticada por Catherine Kerbrat-Orecchioni en su reformulación de la connotación, 3) En general, la noción de M ha sido rechazada por corrientes tan dispares como el **Psicoanálisis** de J. **Lacan**, la **deconstrucción** y el **análisis del discurso**.

Metalingüístico: Relativo a un **metalenguaje** (ver). Así, un **enunciado** como "La **palabra** ́gato ́ tiene cuatro letras" es M.

Metatexto: Metalenguaje, un texto metido adentro de otro texto. Ver también **transtextualidad**.

Metatextualidad: Ver **transtextualidad**.

Metonimia: 1) Consideradas desde la antigua **retórica** los dos *tropos* o figuras retóricas (ver) primordiales, la M puede distinguirse de la **metáfora** en tanto la primera afecta los límites del contenido conceptual de un **lexema** (ver) en un desplazamiento que se basa en una relación de contigüidad. En efecto, los elementos que entran en juego ya no son semejantes (como en la metáfora) sino, antes bien, próximos, contiguos. Un **enunciado** como "Hoy tengo diván" (en vez de "Hoy tengo sesión de **Psicoanálisis**") no postula una semejanza entre el psicoanalista y el diván sino que se basa en la proximidad de ambos **referentes**. Son frecuentes clasificaciones de M tales como: a) *denominación del efecto por la causa* ("escuchar Mozart" por escuchar una sinfonía de ese compositor), b) *contenido expresado por el continente* ("Me tomé la botella entera" por tomarse el líquido contenido en ella), c) *continente expresado por el contenido* ("Se compró zapatos" por comprarse un par), d) *portador de la cualidad por la cualidad* ("Llegó el cansancio" cuando llega alguien que siempre está cansado), e) *denominación de un efecto por su símbolo* ("Llegaron las botas", haciendo referencia a un golpe militar), etc, 2) Roman **Jakobson** trabaja sobre la metáfora y la M en su investigación sobre diferentes tipos de *afasia*. El mérito de esta investigación es haber sabido entrecruzar conceptos tomados de la **Psicología**, la **Lingüística**, la **Antropología**, etc. Jakobson parte de la idea de que hablar implica la interacción de dos actividades: la de la *selección* y la de la *combinación*. Hablar es seleccionar ciertos signos para combinarlos con otros formando mensajes complejos. Por otra parte, la selección siempre implica la posibilidad de la sustitución. Combinación y contextura son también caras de una misma moneda, pues todo signo adquiere su valor combinándose con otros y está formado a su vez por otros signos constitutivos. El **mensaje**, por su parte, también es interpretado siguiendo ambos tipos de relación. De este modo, puede notarse que las categorías de combinación y selección de Jakobson se corresponden, respectivamente, con las de **relaciones sintagmáticas** y **relaciones asociativas de Saussure**, 3) Finalmente, Jacques **Lacan** vincula la la M con el **desplazamiento** y la metáfora con la **condensación** (nociones que toma del trabajo *La interpretación de los sueños* de S. **Freud**). La diferencia fundamental entre M y metáfora es que la M requiere de un trabajo de interpretación, mientras que en la segunda el **sentido** surge de inmediato. Entre los **significantes** se establecen relaciones varias en lo que Lacan da en llamar una **cadena significante** (ver). Estas relaciones están regidas por la M. En ésta se mantiene cierta resistencia a la **significación**, no se produce ningún **significado** nuevo. Además, los significados se deslizan continuamente bajo la cadena significante. Esto lleva a Lacan a pensar que por ejemplo, en el **acto fallido** de un paciente, cuando se produce el "error" hay una sustitución metafórica pese al encadenamiento metonímico que prosigue. La aparente incongruencia devela un significado nuevo, que es inconsciente e inesperado. El sentido nuevo se produce necesariamente en el "sinsentido" (metafórico).

Mitema (Claude Lévi-Strauss): Cada una de las partes mínimas que constituyen un **mito**. El uso del **concepto** permite observar cómo la **Antropología estructural** de **Lévi-Strauss** formula homologías entre la **estructura** de los mitos y la de las formas linguísticas. Ver también **estructuralismo**.

Mito: Platón y **Aristóteles** utilizaban al M como una forma de aproximación deformada a la **verdad** y G. **Vico** lo concebía como una verdad poética, no intelectual. F. **Schelling** lo vio como una suerte de **religión** espontánea, en tanto que **Freud** encontró una **estructura** común entre los sueños y los M, como **sistemas de significación**, lo que fue tomado luego por **Lévi-Strauss** quien la extiende al **lenguaje** y a las relaciones de **parentesco** presentes en toda **sociedad**. B. **Malinowski**, en tanto, adjudica al M la **función** de garantizar el mantenimiento en el tiempo de la **cultura**. En la **Sociología**, el M cumple una función de **control social**. Algunos autores consideran al M como la forma más primitiva de **imaginario social**, la que puede expresarse en **ritos**. El mencionado Lévi-Strauss describe al M como un relato oral y anónimo, cuyo origen se desconoce y sin **significado** propio sino sólo en la relación con otros M –unos se transforman en otros-, y cuya real función es la de explicar el pasaje de la naturaleza a la **cultura** (con sus diversas oposiciones binarias: de lo animal a lo humano, de lo crudo a lo cocido, de lo desnudo a lo vestido), etc. En definitiva, explican metafóricamente determinados problemas y le dan **sentido** al mundo sin tener –ellos mismos- un sentido.

Modalidades: 1) En principio, la M (el *modus*) es la actitud tomada por el **sujeto** respecto al *dictum*, o contenido representado. Así, enunciados como "Hace frío", "¿Hace frío?", "Qué suerte que hace frío", "Me temo que hace frío", "Frío, ¿no?" comparten el *dictum* pero difieren en el *modus*. Este último hace a la actitud y a la posición del hablante respecto de lo que dice (lo dicho, el *dictum*). Las M pueden expresarse a través de medios lingüísticos múltiples: modos gramaticales, auxiliares de modalidad, enunciados modales, adverbios y verbos modales, etc. E incluso signos prosódicos, entonación, acentuación, etc, 2) El lingüista francés Dominique Maingueneau propone clasificar las diversas M en tres grandes tipos: a) las de **enunciación**, b) las de **enunciado** y c) las de **mensaje**. Las primeras se corresponden básicamente con el tipo de construcción (aseverativas, exclamativas, interrogativas, imperativas) y su **efecto de sentido** se relaciona con la relación interpersonal entre los participantes del diálogo (ver **contexto**). Las M de enunciado producen efectos de sentido ligados a la actitud del sujeto hablante respecto de su enunciado y pueden a su vez subdividirse en: **deónticas** (las que expresan deber, compromiso, permisión, etc.: "No me *dejan* ir", "Se le *permite* la entrada", "*Debemos* reunir fuerzas y luchar"), **epistémicas** (que se ligan con las diversas formas del saber, "La mercadería llegará mañana *probablemente*", "*Creo* que Carlos se fue", "*Sospecho* que llegó alguien", etc.), **aléticas** (manifiestan lo necesario, posible e imposible: "Difícilmente *pueda* ir mañana", "Es *imprescindible* que los ciudadanos se abstengan de ir a esa marcha", etc.) y bulomayeicas (vinculadas al deseo, las preferencias, etc: "Nada me *gustaría* más que eso", "*Quiero* agradecer públicamente", etc.). Finalmente, las M de mensaje observan las variaciones en el tipo de construcción sintáctica, con sus consecuentes efectos en el sentido global del enunciado. Deben ser analizadas a partir del par conceptual **tema-rema** (ver). En principio, podría observarse que enunciados como "El noticiero omitió la participación de los estudiantes", "La participación de los estudiantes fue omitida" y "Se omitió la participación de los estudiantes", si bien comparten el mismo *dictum*, muestran grados diversos de explicitación del agente de la acción, llegando incluso en el último ejemplo a la despersonalización total. Constituyen un ejemplo de lo que se denomina **pasivización**.

Modalidades aléticas: Modalidades de la **verdad** (y de la falsedad). Una **proposición** puede ser necesaria, posible o imposible (ver **modalidad**).

Modalidades deónticas: Modalidades de la **verdad** que tienen que ver con lo obligatorio. Pueden consistir en un deber hacer (**prescripción**), un deber no hacer (prohibición), un no deber no hacer (permisión) y un no deber hacer (autorización). Por ejemplo, el uso de verbos como "deber", "permitir", "obligar", "prohibir", o expresiones como "hay que", "es necesario que", "debemos".

Modelo matemático del proceso de comunicación: Ver **teoría de la información**.

Monemas: Ver **morfemas**.

Morfemas: Unidades mínimas correspondientes al aspecto conceptual de la **lengua**, a su contenido. En base a ellos se forman las **palabras** y las frases. Se componen de raices temáticas, sufijos, prefijos, etc. Así,

"gato" posee dos M: *gat* y *o*, donde cada M tiene un **significado** asociado, arbitrario, lineal y con determinadas **relaciones asociativas** y **relaciones sintagmáticas**. Los M son signos porque tienen **imagen acústica** y **concepto** (respetan ambos principios del **signo**). Los hay **léxicos** (**lexemas**) y gramaticales (**gramemas**). A. Martinet propuso el **concepto** de **monema**.

Morfología: Parte de la **lingüística** que analiza los **morfemas**, la forma y la formación de las **palabras** y las relaciones entre la forma y la función gramatical o sintáctica. Ver también **gramática**.

Morris, Charles (1901-1979): Semiótico y lógico norteamericano, postuló una diferenciación de objetos de estudio de la **lingüística**: la **semántica** –que analiza la relación entre el **signo** y aquello que denota–, la **sintaxis** –que observa cómo se organizan y relacionan los signos entre sí– y la **pragmática** –que considera qué relación establecen los usuarios de los signos con estos–. Entre sus obras principales encontramos a: *Fundamentos de la teoría de los signos* (1938).

N

Narración: Desde el punto de vista de la **lingüística** textual contemporánea, se trata de todo texto (ficcional o no) en el que pueda detectarse una cierta unidad temática y una serie de **proposiciones** ordenadas en secuencias que den la idea de una cierta sucesion cronológica de los acontecimientos.

Narratio: Ver *dispositio*.

Nivel pragmático: Ver **pragmática**.

Nivel semántico: Ver **semántica**.

Nivel sintáctico: Ver **sintaxis**.

Niveles del lenguaje: Niveles de análisis del **lenguaje**. Se distinguen el **nivel sintáctico**, el **nivel semántico** y el **nivel pragmático**.

Noticia: Es la forma más simple de redacción periodística. Se ciñe a la escueta enumeración de los **datos esenciales** de un hecho de interés **público**; responde a las implícitas preguntas: *"¿Quién?"*, *"¿Qué?"*, *"¿Cuándo?"*, *"¿Dónde?"* y *"¿Por qué?"* Por lo general, la N se usa para anunciar hechos por ocurrir. Ver también **crónica**.

Novela: Se denomina N a toda **narra-** ción que pueda incluirse dentro del género narrativo de ficción, en prosa, de extensión relativamente extensa.

O

Objeto (Charles Peirce): Aquello a lo que se refiere el **signo** en alguno de sus aspectos, lo representado por el *representamen* (ver).

Oración: 1) **Palabra** o palabras que expresan un **sentido** gramatical completo. Al **significado** de la O se le llama **proposición** si tiene sentido decir de aquel que es verdadero o falso. Por ejemplo, el significado de "Llueve" es una proposición porque es una **O informativa** pero el significado de "Andate a dormir" no lo es, ya que se trata de una O imperativa (su función no es afirmar ni negar una proposición sino inducir a alguien a hacer algo). Dos O diferentes pueden expresar la misma proposición: "Juan ama a María" y "María es amada por Juan" afirman lo mismo. También pasa eso con *"Es regnet"* y "Llueve". Al revés, la misma oración puede expresar proposiciones diferentes: "El actual presidente es abogado", que en 1976 expresaba una proposición (falsa) y en 1989 otra (verdadera), 2) **Objeto de estudio** de la **gramática**, particularmente de la **sintaxis**. Para muchos lingüistas estructuralistas, la O era el nivel más alto al que podía acceder la descripción lingüística. Esto fue cuestionado por una multiplicidad de corrientes lingüísticas posteriores. La O es un claro ejemplo de **sintagma** y su estatuto de objeto máximo de análisis fue disputado, sobre todo, por el **análisis del discurso** (ver) y la **lingüística** textual. Esta último propone como su objeto de estudio relevante al texto, concebido como una unidad global de sentido. Ver también **enunciado** y **proposicion**.

Oxímoron: **Figura retórica** que yuxtapone elementos de **semas** (ver). Por ejemplo, "Sol negro", "música callada", "pequeño latifundista", "religión científica", etc.

Oyente: En la **teoría de la enunciación, auditor** o **enunciatario**, persona que efectivamente recibe el **mensaje**.

P

Palabra: Ver **Lexema**.

Parábola: Relato literario o fábula de la que se deduce –por semejanza o comparación- alguna enseñanza **moral** o **verdad** importante.

Paradigma: Relación de **signos** por asociación de cualquier tipo sin que aparezcan en secuencia, en frases. Los signos con **relaciones paradigmáticas** deben poder intercambiarse en un **sintagma**. Por ejemplo, entre "perro" y "can" hay relación paradigmática, por lo que se pueden intercambiar en un sintagma como "El perro está comiendo". Ver también **relaciones sintagmáticas** y **relaciones asociativas**.

Paráfrasis: Expresar un mismo **concepto** o idea con otras **palabras**. Por ejemplo, "Juan es más gordo que Pedro" equivale a "Pedro es más flaco que Juan".

Paralingüística: Ver **competencias paralingüísticas**.

Paratexto: Cantidad de **información** paralela a un texto principal. Aclara o refuerza información y guía la lectura. Incluye el soporte material de un texto, por ejemplo el papel en el que se escribe, el copete, la volanta, la firma del autor en un artículo periodístico, el título y demás detalles complementarios de un texto. Ver también **transtextualidad**.

Paratextualidad: Ver **transtextualidad**.

Paronomasia: **Figura retórica** (ver) que relaciona **palabras** fónicamente semejantes pero de **significación** disímil. Por ejemplo, "Ay mi *Dios*, cuándo seremos *dos*".

Peirce, Charles Sanders (1839-1914): Lógico y filósofo norteamericano. Heredero de toda una tradición lógico-filosófica y científica, con influencias de **Kant, creó** la **semiótica** moderna, marco que él proponía para una **teoría del conocimiento.** Definió al **signo** como "lo que representa algo para alguien". Su obra influyó en varios autores, por ejemplo en C. **Morris.** Por otra parte, es considerado el fundador del **pragmatismo.** Ver también algunas de sus principales categorías, tales como **representamen, semiosis ilimitada, intérprete, interpretante, ícono, índice** y **símbolo.** Las obras de P están dispersas en diversos manuscritos compilados bajo el título de *Collected papers*.

Performativos: El **concepto** surge de las reflexiones del filósofo J.L. **Austin.** Éste estableció una oposición entre enunciados *P* y enunciados *constatativos*. Una expresión se considera constatativa cuando *sólo efectúa una descripción* ("Ella no es una mujer muy delgada"). En cambio, una expresión *realizativa* o *performativa,* además de describir una determinada acción o **fenómeno,** se caracteriza porque su **enunciación** (ver) equivale al *cumplimiento de una acción*. Así, un **enunciado** que comienza: "Te prometo que..." es P ya que al emplearla se cumple el acto de prometer. Pero Austin pronto observó que esta propiedad performativa también se puede verificar en expresiones constatativas. Es, por ejemplo, el caso de las imperativas e interrogativas. Quien formula una interrogación no sólo expresa un desconocimiento sobre algo sino que además cumple el acto particular de interrogar. Al decirse "Deberías adelgazar" no sólo se da una opinión sobre un estado físico sino que además se cumple el acto particular de aconsejar, por ejemplo. Ver también **acto de habla.**

Perlocución: Ver **acto perlocucionario.**

Polifonía: El **fenómeno** de la P pone en cuestionamiento la unicidad del **sujeto emisor** de un **enunciado.** El **concepto** fue introducido por primera vez por **Bajtin** para caracterizar obras literarias en que emergían *múltiples voces disímiles sin que ninguna de ellos predominara por sobre las demás.* Lingüistas como O. Ducrot retomaron el término para analizar fenómenos tales como la negación, la concesión, la **ironía,** la **cita** , etc, en los que el **locutor** no coincide necesariamente con el **enunciador,** puesto que el primero toma enunciados y "voces" diversas sin asumir él mismo la responsabilidad del enunciado.

Polisemia: En **lingüística**, se hablará de P, más que de **ambigüedad** (ver), cuando un **signo** o un **enunciado** remita a más de un **significado** pero leyes relativamente generales permitan prever el desplazamiento de un significado a otro. Así, por ejemplo, es habitual la **metonimia** (ver) de designar como "violín" al músico que toca ese instrumento. Por lo tanto, podrá hablarse de P del signo "violín" pues puede remitir tanto al instrumento como al músico que lo toca.

Pragmática: 1) En principio, el término remite a la tripartición propuesta por Charles **Morris** (ver), por la cual se designaría como P a las disciplinas que estudian la relación establecida por los **sujetos** usuarios con los diversos **signos** utilizados, 2) Por otra parte, cuando en **lingüística** contemporánea se habla de un "componente pragmático" se designa al componente que se ocupa de la descripción del **sentido** de un **enunciado** en **contexto**, 3) Finalmente, la P caracteriza en general a toda concepción del **lenguaje** que se oponga en mayor o menor medida a la **lengua** tal como la caracterizaba **Saussure** (ver). En efecto, marcos **teóricos** tan disímiles como la semiótica de **Peirce** (ver), la **teoría** de los **actos de habla** o las diversas lingüísticas de la **enunciación** ponen en primer plano el carácter activo del lenguaje, su autorreferencialidad, su carácter interactivo, la relevancia del contexto, etc.

Pregunta retórica: Formalmente idéntica a cualquier otro tipo de pregunta, la PR se caracteriza por no ser literal ni esperar una respuesta efectiva de su **destinatario**. En los aspectos más argumentativos de los **discursos**, opera en realidad como un notable enfatizador de la **aserción** (ver). El destinatario queda como obligado a asumir la respuesta implícita en la pregunta explícita. Por ejemplo, "¿Acaso pueden negar los **ciudadanos** la pesada herencia que nos dejó el desastroso **gobierno** que nos antecedió?

Prensa amarilla: Dícese de los **medios de comunicación** –diarios en primer lugar- sensacionalistas que apelan a la exageración y a la grandilocuencia.

Presuposiciones: Las P se caracterizan por ser formas implícitas, cuyo contenido no obstante puede detectarse por la misma **estructura** lingüística de los enunciados que las contienen. Por ejemplo, en el enunciado "Mauricio dejó de fumar" está implícita la afirmación de que Mauricio antes fumaba. En preguntas tales como "¿A qué hora mató Ud. a la víctima?" está presupuesto que el **destinatario** de la pregunta es considerado el asesino. En un principio, las P se detectaban en el análisis lingüístico a través de un test de negación. La afirmación de que "Mauricio fumaba" puede inferirse también del enunciado negativo "Mauricio no dejó de fumar". Al negarse el **enunciado** no se lesionan los presupuestos. En la **teoría** de la **argumentación**, se observa que el **enunciador** deja en lo presupuesto aquello que le resulta "obvio", incluso incuestionable, por lo cual no debe asumir el costo de tener que argumentarlo. En efecto, una respuesta que cuestione lo presupuesto por un enunciado adoptará casi irremediablemente un carácter conflictivo, polémico. Preguntas como "¿Pero vos pensás que...?" suelen suscitar respuestas tales como: "Yo no dije eso. No pongas palabras en mi boca que yo no dije". A partir de lo explicado, se puede inferir que las P tienen asimismo un carácter polifónico (ver **polifonía**). En efecto, lingüistas como Ducrot consideran que la responsabilidad de lo que se presupone no se atribuye al **locutor** (quien asume meramente lo explicitado) sino, antes bien, a una instancia de enunciación anónima, a la que puede unirse el **sujeto** hablante. Un enunciado como "Lo importante no es la **justicia social** sino la estabilidad economica" presupone una oposición implícita entre justicia y estabilidad que no aparece fundamentada pero que, por su carácter presupuesto, aparece como del orden de lo "obvio", seguramente por resultar aceptable e incuestionada en su contexto socio-histórico. Al respecto de esto último, teóricos como Marc Angenot distinguen entre P lógicas y P ideológicas. En el caso de un enunciado como "Martín viajó a España" el contenido presupuesto de que antes Martín no estaba en España se deduce lógicamente del enunciado. En cambio, "Ella no entiende. Es mujer" presupone una afirmación de carácter sexista que depende de una **máxima ideológica**.

Preterición: Figura retórica por la cual se declara que no se dice lo que –en verdad– se está diciendo. Por ejemplo, "Yo nunca te diría que pienso que sos un idiota".

Primacía del significante (Jacques Lacan): Concepto del **Psicoanálisis** acuñado por **Lacan** en su reformulación de la **lingüística** de **Saussure**. Lacan invirtió el esquema saussureano **significado/significante** otorgándole a este último la primacía. El significante tiene preeminencia pues cumple una función activa en la determinación del significado. La función de la barra también se invierte, deviniendo ésta una "barrera resistente a la significación". Barrera que remite, por un lado, a la función de la **represión** (tal como la entendía el Psicoanálisis desde **Freud**) y, por el otro, a que no hay un **sentido** figurado en contraposición a uno "propio". La postulación de la **arbitrariedad del signo** (ver) es para Lacan insuficiente, pues en su experiencia clínica comprueba que no hay nunca un significado "correcto" original. En cambio, la represión reprime siempre significantes, no significados.

Primeridad (Charles Peirce): En su **semiótica**, **Peirce** conceptualiza que todas las ideas pueden ser pensadas desde tres categorías: P, **segundidad** (ver) y **terceridad** (ver). La categoría de P implica la consideración de algo sin relacionarlo con ninguna otra cosa (por ejemplo, una cualidad tomada independientemente de su materialización existencial). Pertenecen a la P el **cualisigno**, el **sinsigno** y el **legisigno**.

Principio cooperativo: Según H.P. Grice, exponente de la **pragmática lingüística**, cuando dos interlocutores entablan una conversación se ajustan a un PC, de naturaleza generalmente tácita. Éste implica que los interlocutores harán sus respectivos "esfuerzos cooperativos" para regular la conversación. Acep-tado este principio, se supone que cualquier transgresión a las **máximas conversacionales** (ver) genera **efectos de sentido** indeseados (brusquedad, descortesía, agresividad, etc).

Proceso de comunicación: La **comunicación** es un **proceso** dinámico, porque fluye constantemente del **emisor** al **receptor**, con un continuo intercambio de mensajes. Los elementos en el PC para que se produzca ésta son: el **destinador** que emite un **mensaje** a un **destinatario**, en un **código** o **lengua** mediante un **canal** físico o contacto (el teléfono, la voz directa) en una situación o **contexto**. Los roles pueden cambiar y el emisor puede pasar a se el receptor y viceversa, cambiando los contenidos de los mensajes y sus interpretaciones.

Progresión temática: Ver **tema** y **rema**.

Prolepsis: Desvío del relato por el cual éste se aparta del eje temporal de lo que se viene narrando y se remite a un hecho posterior. Es de uso frecuente en el **discurso** periodístico y literario. Por ejemplo, "La acusada no sabía en ese momento que su madre participaría también del atraco". Se lo denomina también **anticipación**. Ver también *analepsis*, **prospección** o *flashforward*.

Pronuntiatio: Ver *actio*.

Psicolingüística (1953 à): Disciplina que estudia el modo en que el **lenguaje** oral y escrito pasa desde las **estructuras** profundas a las superficiales. La P surgió ligada a **trabajos de campo** del **conductismo** (Skinner), pero fue en 1957 gracias a los aportes de Noam **Chomsky** que cobró mayor importancia y desarrollo, siendo una de las disciplinas que formaron parte de la **ciencia cognitiva**. Pioneros de la P fueron la **lingüística estructural** de Bloomflied y los aportes de Osgood y Seboek.

Q

Quiasmo: Figura retórica (ver) en la que la relacion entre dos palabras se repite pero invirtiéndola en el resto de la construcción. Por ejemplo, "Hay que comer para vivir, no vivir para comer".

R

Rating: Del inglés *rate*: tarifa, valuación, cuota o ración, tanto por ciento. El *R* mide qué cuota del público ha elegido un **medio de comunicación**. Se evalúa por puntaje o cuotas. Se estima que un punto de *R* equivale a 100.000 espectadores u oyentes.

Realizativos: Ver **performativos**.

Receptor: En la **teoría de la comunicación**, sujeto que recibe el **mensaje** que envía una **fuente** o **emisor**. También, el conjunto de los mensajes que pueden ser recibidos. El R traduce el mensaje en información para generar una acción. El **esquema de la comunicación** no se completa si el R no recibe el mensaje. En semiótica se utiliza el término **destinatario**, al que se lo distingue claramemnte del de R (ver).

Recurrencia: Ver **redundancia**.

Redundancia: 1) En sentido general, se habla de R cuando se reitera el mismo **concepto** en exceso; sin embargo, desde el punto de vista de la **cohesión** (ver) cierto grado de ella es totalmente necesario, 2) En su uso técnico **en teoría de la comunicación**, se habla de R como factor de la **comunicación** que consiste en intensificar y repetir la **información** contenida en el **mensaje** para que el **ruido** no provoque una pérdida fundamental de información.

Referencia: Relación entre el **signo** y su referente o **denotación**, el objeto real aludido por el signo (referente del signo). Ver también **funciones**

del lenguaje, denotación y **sentido.**

Referente: Ver **referencia** y **esquema de la comunicación.**

Registro: Halliday propone dos tipos de variantes fundamentales dentro de una **comunidad** lingüística: las que remiten al **dialecto** de los hablantes y las que remiten al R. A diferencia del dialecto, el R está determinado fundamentalmente por la *situación de interlocución.* De este modo, habrá situaciones distendidas, con los interlocutores en una relación de igualdad, que producirán un R básicamente informal; y, en el otro extremo, otras situaciones más condicionadas por las relaciones de **poder,** que generarán un R básicamente formal y distanciado. Así, por ejemplo, un hablante podrá caracterizarse por un habla popular en ciertas situaciones y otra más elevada en otro tipo de **contextos.** Las posibilidades de conmutar el R remiten a las **competencias discursivas** del hablante. Halliday sintetiza que así como el dialecto se define por referencia al lugar social del hablante, el R *se define por referencia al contexto social en que éste articula cada uno de sus **enunciados**.* Obviamente, el dialecto y el R interactúan permanentemente y no siempre es tan fácil establecer un límite tajante entre uno y otro.

Relaciones asociativas: Dentro del sistema de **signos** que constituye la **lengua** (ver) tal como la define **Saussure,** los signos se vinculan todos entre sí, siguiendo dos tipos de relaciones: las **relaciones sintagmáticas** y las RA o **relaciones paradigmáticas.** Ambas se corresponden con dos formas de actividad mental y son indispensables para el funcionamiento de la lengua. Las RA están constituidas por series mnemónicas virtuales y sus términos *no* co-ocurren en el **discurso** (son relaciones *in absentia*). Los términos de una relación paradigmática pueden vincularse por distintos tipos de asociaciones: semejanza fónica, conceptual, por formar parte de un mismo **paradigma** gramatical, etc (se establecen por la raíz de los elementos (enseñar, enseñanza, etc.), por un sufijo común (cobranza, enseñanza, labranza), por **analogía** de significados (enseñanza, aprendizaje), o por simple similitud sonora (danza, enseñanza)). Las relaciones paradigmáticas *no* se basan en la extensión como las sintagmáticas sino que, en términos de Saussure, forman parte de ese "tesoro interior" que constituye la lengua para cada individuo. Los elementos que constituyen una relación paradigmática son entonces *virtualmente infinitos,* a diferencia de aquellos que se nuclean alrededor de una relación sintagmática.

Relaciones paradigmáticas: Ver relaciones asociativas.

Relaciones sintagmáticas: Dentro del **sistema** de **signos** que constituye la **lengua** (ver) tal como la define **Saussure**, los signos se vinculan todos entre sí, siguiendo dos tipos de relaciones: las RS y las **relaciones asociativas** o **relaciones paradigmáticas**. Ambas se corresponden con dos formas de actividad mental y son indispensables para el funcionamiento de la lengua. Las primeras se basan en el *carácter lineal del significante* (ver **linealidad del significante**) y son *in præsentia*, es decir: sus términos se hallan copresentes en el **discurso**. Constituyen ejemplos los distintos signos que se alinean para formar **palabras, oraciones**, textos. Los elementos que constituyen una relación paradigmática son *virtualmente infinitos*, a diferencia de aquellos que se nuclean alrededor de una RS.

Relato (Émile Benveniste): Tipo de **locución** donde predomina la tercera persona y donde los tiempos fundamentales son el pasado, el perfecto simple y el imperfecto. En la teoría de **Benveniste**, el R se opone al **discurso** o comentario, que a su vez se caracteriza por el predominio de las formas **deícticas**.

Rema: 1) En la tercera **tricotomía,** Peirce divide al **interpretante** en tres tipos de signos: **dicente, argumento** y R. El R es todo **signo** considerado aisladamente (en sí mismo, como casi todas las palabras, no es ni verdadero ni falso), 2) Segunda parte de una frase, parte que describe a un **tema** (ver), el contenido o información de éste.

Representación: Imagen mental que se le aparece al usuario de un **signo** (ver).

Representamen (Charles S. Peirce): El **signo** en **Peirce** recibe el nombre técnico de *R*. Se trata de una cualidad material (secuencia de sonidos o de letras, una forma, un olor, etc) que está en lugar de otra cosa: su **objeto**. Engendra en la mente de otro un signo equivalente o más desarrollado, al que Peirce denomina **Interpretante** (ver). El *R.* representa de algún modo a su objeto, en algún aspecto o carácter; y está en lugar de ese objeto, no en todos los aspectos sino sólo en referencia a una suerte de idea de él, al que Peirce denomina "fundamento" (traducción habitual del original inglés *ground*). Deben darse tres condiciones para que algo sea un signo: a) debe tener características que permitan distinguirlo, b) debe tener un objeto y, c) la relación semiótica ha de ser triádica, comportar un *R* que será reconocido como el signo de un objeto a través de un interpretante.

Retórica: En su sentido tradicional, era la habilidad o el arte de decir las cosas bien. Se trataba de un conjunto organizado de *técnicas manipulatorias del discurso* cuya función era la de *persuadir* a un interlocutor acerca de un punto de vista. En la **Antigüedad** y el **Medioevo** era entendida como el "arte de la persuasión". La R intentaba determinar cómo debía estructurarse el discurso para convencer o disuadir al otro, por lo que se estudiaban las formas de expresión –*tropos* y **figuras retóricas**–. La R clásica contaba con cinco elementos: *inventio* (temas, argumentos, técnicas de persuasión, lugares, etc), *dispositio* (distribución de las partes del discurso), *elocutio* (estilo, elección y organización de las **palabras** de una frase), *actio* y **memoria** (memorización). A partir del **Renacimiento**, declinará el interés por la función persuasiva del discurso y el interés se abocará exclusivamente a las figuras y ornamentos del **lenguaje** *poético* (es decir, sobrevivirá básicamente la *elocutio*). En el siglo XX, se recupera su interés por su relevancia para las **teorías** de la **argumentación**.

Retrospección: *Analepsis.* Perspectiva o mirada hacia el pasado. Opuesto: **prospección**.

Ruido: En **teoría** de la **información**, todo elemento que, al perturbar la transmisión del **mensaje**, dificulte que la información llegue correctamente a su **destinatario**.

S

Sarcasmo: Recurso básicamente polémico, el S encubre una intención agresiva detrás de una actitud aparentemente benévola. Por ejemplo, "Es digno de encomio que el **diputado** haya puesto en su proyecto de ley lo poco que le queda de cerebro". El S comparte algunas características, por lo tanto, con la **ironía**.

Sátira: En nuestros días, el término S se utiliza para designar a textos, **discursos**, filmes, etc., cuya función primordial sea la de ridiculizar a individuos, tipos sociales, **sistemas políticos**, **instituciones**, etc. Sus procedimientos habituales son la **ironía**, el **sarcasmo** e incluso la injuria, el insulto, etc.

Saussure, Ferdinand de (1857-1913): Lingüista suizo, revolucionó el estudio de la **lengua** al proponer una nueva concepción del **signo**, compuesto por una **imagen acústica** o aspecto material –el **significante**– y un **concepto** mental –el **significado**–, vinculados de modo arbitrario.

S, desde lo que definió como **semiología**, privilegió el estudio de la lengua por sobre los demás elementos del **lenguaje**. S concibió a la lengua como un **sistema** de signos de naturaleza eminentemente social. Este sistema, que existe virtualmente en el cerebro de cada **individuo**, no está completo en ninguno de ellos sino en la totalidad del grupo, (idea central en el desarrollo del **estructuralismo**).Así, la lengua es la suma de las imágenes verbales almacenadas en todos los **individuos**. S se opuso a un análisis lingüístico **diacrónico**, inclinándose por un análisis **sincrónico** de la lengua, independientemente de los usos históricos particulares (el **habla**). S influyó decisivamente en autores como C. **Lévi-Strauss** y M. **Foucault**. Su obra se conoce como *Curso de lingüística general* (1916), publicada por sus alumnos en base a notas tomadas entre 1906 y 1911. Posteriormente se dieron a conocer otros manuscritos inéditos de S en los que planteaba la **teoría** de que los poetas latinos ocultaban premeditadamente anagramas de nombres propios en sus composiciones poéticas. De algún modo en las antípodas de las **tesis** del *Curso*, la atencion que "el S de los anagramas" ha recibido ha sido dispar y sumamente polémica.

Segundidad (Charles Peirce): En su **semiótica, Peirce** conceptualiza que todas las ideas pueden ser pensadas desde tres categorías: **primeridad** (ver), S y **terceridad** (ver). La categoría de S se vincula con la consideración de algo a lo que se relaciona con alguna otra cosa (por ejemplo, las relaciones de causa y efecto). Pertenecen a la S el **ícono**, el **índice** y el **símbolo**.

Sema: Cada uno de los componentes del **significado**, o unidad **semántica** mínima. Por ejemplo, el **concepto** de "hombre" está formado por los S "animado", "humano", "masculino", etc; "auto", "pintado de negro y amarillo" y "con banderita", son diferentes S que forman el significado de "taxi".

Semántica: 1) Según la tripartición de Charles **Morris**, a la S le correspondería estudiar las relaciones entre los **signos** y aquello a lo que estos designan, 2) En general, en **lingüística** contemporánea se designa como S a toda investigación o disciplina cuyo interés es el del **significado** (ver).

Semema: Significado de un **lexema** (ver), definido por el conjunto de **semas** (ver) que lo forman.

Semiología: (Del griego *semeion*: **signo**). Disciplina que estudia los signos en el seno de la vida social. **Saussure** postuló la necesidad de crear la S como **ciencia** que tuviera como **objeto de estudio** el funcionamiento de los signos dentro de la **sociedad**. Su función consistiría en analizar la naturaleza de los signos y las leyes que los gobiernan. Saussure consideró que la **lingüística** como ciencia debería estar incluida dentro de esta ciencia más general que es la S (aunque sería su parte principal y privilegiada). Contra lo establecido por Saussure, R. **Barthes** invirtió la relación entre lingüística y S: la disciplina general debía ser la lingüística y la S sólo una parte de ella. La razón de ello es que no veía posible concebir los **significados** de imágenes, gestos, etc., sin remitirse a la **lengua**, ya como componente primordial de lo semiológico o bien como modelo significativo. Por su parte, Charles Sanders **Peirce** creó el concepto de **semiótica** (ver). Así, la S en Europa y la semiótica en **EE.UU.** han abordado históricamente un mismo campo de análisis. La S saussureana ha influido en la **antropología estructural** de **Lévi-Strauss** (ver **estructuralismo**) y en el **Psicoanálisis** lacaniano (ver **cadena significante**). Actualmente, muchas veces los términos S o semiótica son utilizados prácticamente como sinónimos.

Semiosis (Charles S. Peirce): Con este término, **Peirce** se refirió al permanente cambio al que están sometidos los signos. La S es un **proceso** por el que algo, cualquier cosa, funciona como **signo**. La S es un proceso en el que intervienen tres elementos: el *representamen* (ver), su **objeto** (aquello a lo que se refiere) y su **interpretante** (ver). Esta influencia tri-relativa no puede en ningún caso reducirse a acciones entre pares. La S en ocasiones es llamada también **proceso semiótico**.

Semiosis ilimitada (Charles S. Peirce): Los componentes formales de la **semiosis** (ver) son el *representamen* (ver), el **objeto** y el **interpretante** (ver). Puesto que el interpretante es también un **signo**, está en lugar de su objeto y remite a su vez a otro interpretante. Este segundo interpretante es también un signo que está en lugar de un objeto y se liga a su vez a un interpretante, que es un signo él también, y así sucesivamente. **Peirce** afirma que un signo es toda cosa que determina que un interpretante remita a un objeto al cual ella también se refiere — su objeto—, deviniendo el interpretante otro signo y así al infinito. Un signo, en consecuencia, nunca está aislado sino que forma parte de una semiosis. Cada signo es a la vez el interpretante del que lo antecede e interpretado por el que le sigue. Asimismo, puesto que un interpretante es por lo general un signo más desarrollado que el *representamen*, la cadena de la SI produce un aumento gradual del conocimiento sobre un objeto, lo que hace que la semiosis sea virtualmente infinita.

Semiótica: 1) La S de **Peirce** tiene una perspectiva filosófica, al constituirse como una **teoría** de la realidad y del conocimiento que puede tenerse de ella a partir del único medio disponible para los sujetos humanos: los **signos**. El único pensamiento que puede conocerse, sostiene Peirce, es pensamiento *en* los signos. Desde este punto de vista, para Peirce la S es equiparable a la **lógica**. La S tiene por objeto de estudio la **semiosis**, que es siempre en Peirce un proceso triádico de **inferencia** (ver *representamen* e **interpretante**). Puesto que cada *representamen* se conecta con tres cosas (el fundamento, el objeto y el interpretante), Peirce estipula para la S tres ramas: a) la **gramática** pura (cuya pregunta es "¿Cómo debe ser el *representamen* para poder encarnar al **significado**?"), b) la lógica propiamente dicha ("¿En qué sentido es verdadero que un *representamen* esté en lugar de su objeto?" y, c) la **retórica** pura (que determinará las leyes por las cuales un pensamiento puede engendrar otro pensamiento), 2) Por su parte, de acuerdo con C. **Morris**, son partes de la S la **sintaxis**, la **semántica** y la **pragmática** (ver todas estas entradas).

Sentido: Valor **semántico** ligado a las condiciones particulares en que un **enunciado** es producido. Si bien ciertas **teorías** lo equipararon al **significado** (ver), éste es distinto por ser el concepto que todo **signo** (ver) conlleva en abstracto, independientemente de sus usos. El S, en cambio, será aquello que se produce en y por el **proceso** de **significación**. Desde este punto de vista, el S se relaciona más con la **referencia** que con el significado.

Señal: En la **teoría de la información** es S todo elemento que responde a las reglas de un **código**. La **lingüística** de L. **Bloomfield**, de carácter **conductista**, identificó a la S con el **signo**. Sin embargo, esto no parece adecuado ya que la S no implica **significación** alguna sino que sólo provoca una reacción al actuar como un estímulo. La caracterización de un **lenguaje** como un intercambio de S sólo puede dar cuenta de códigos muy rudimentarios como, por ejemplo, el de algunos animales.

Shannon, Claude Elwood (1916-2001): Ingeniero electricista y matemático norteamericano, a quien se le atribuye la formulación de la **teoría de la información**. También perteneció a los primeros teóricos de la **ciencia** cognitiva. Entre sus obras principales encontramos a: *Teoría matemática de la comunicación*

(1949, junto con W. Weaver).

Shifter: Ver **deíctico**.

Significación: Saussure define a la S como a la relación entre el **significante** y el **significado**, entre el **signo** y el **fenómeno** que representa (ver **arbitrariedad del signo**). Esta concepción no es compartida por la **semiótica** de **Peirce** y **Morris**, que se interesan por la S en tanto **procesos** y actos de **producción** e interpretación de **enunciados** (**semiosis**).

Significado (Ferdinand de Saussure): Uno de los dos aspectos del **signo linguistico**, tal como lo configura la **lingüística** saussureana. Remite al *aspecto conceptual* del mismo. Entre los dos aspectos del signo linguistico, S o **concepto** y **significante** (ver) o **imagen acústica, Saussure** establece una relacion de total arbitrariedad. En su perspectiva, la **lengua** es un conjunto de articulaciones, de límites que establecen una discontinuidad en la masa de las realizaciones fónicas (los sonidos) y en la de las significaciones. No existe nada definido, fijo ni estable que sea previo a las realizaciones de la lengua. Pensamiento y sonido son, antes de su mediación, dos "masas amorfas". Es la lengua la que permite que el hablante categorice una entidad fónica particular como tal o cual entidad significada. Ver también **valor lingüístico**.

Significante (Ferdinand de Saussure): También **"imagen acústica"**, el S es uno de los dos aspectos del **signo linguistico**, tal como lo configura la **lingüística** saussureana. Remite al *aspecto material y/o fónico* del mismo y su relación con el **significado** (ver) es de absoluta arbitrariedad. Ver también **primacía del S**.

Signo: 1) El S es la noción básica de todo **lenguaje**, pero precisamente a causa de esta importancia, es una de las más difíciles de definir. En principio, puede admitirse que todo S remite necesariamente a una relación entre dos elementos o *relata*. El S básicamente puede definirse por estas características: a) puede hacerse sensible y/o perceptible y, b) para un grupo definido de usuarios, señala una ausencia en sí misma. El componente del S susceptible de hacerse sensible es en **Saussure** el **significante** (ver); lo que está ausente, **significado** (ver); y la relación entre ambos, **significación** (ver). Por otra parte, el S es siempre institucional, existe sólo para un determinado grupo de usuarios; fuera de una **sociedad**, no puede hablarse propiamente de S. Sólo una **comunidad** de usuarios puede instituirlo como tal, 2) Además, hace falta introducir otros conceptos para diferenciarlos de otros que pueden ser confundidos con el de S. Deberá distinguirse por ejemplo la significación de la **función referencial** (o **denotación**, ver). La denotación no se produce entre un significado y un significante sino entre el S y el **referente**, el objeto real al que en todo caso remite el S. También debe distinguírselo de la **representación**, que es la aparición de una imagen mental en el usuario de los S, 3) En la teoría de Saussure, el S es la unidad mínima de significación perteneciente al sistema de la lengua (ver) que contiene un significado o **concepto** mental y un significante o **imagen acústica**, ambos de carácter psíquico. El lazo que une el significante al significado es arbitrario y convencional (**arbitrariedad del S**). Así, no hay razón para que el concepto "Sol" tenga que ser relacionado con la sucesión de los **fonemas** s-o-l (Saussure también planteó el **fenómeno de la linealidad del S**), 4) Para el concepto de S en **Peirce**, ver *representamen*, **interpretante** y **semiosis infinita**.

Signo icónico: Ver **ícono**.

Signo indicial: Ver **índice**.

Signo lingüístico: Entidad psíquica constituida por dos términos inseparables: el **concepto** y la **imagen acústica**, o **significado** y **significante** (ver ambas entradas). **Saussure** rechaza la idea tradicional de que el **signo** sea la unión entre una cosa y un nombre (esto es un **proceso** no relevante para su **teoría** lingüística), y lo considera en cambio una entidad puramente psíquica, que es a su vez la unidad elemental del **sistema de la lengua** (ver), tal como él la define. Saussure habla siempre de SL mientras que C. **Peirce** se refiere a signo en general. Para Peirce, el signo tiene su fundamento en la **semiosis** (ver).

Silepsis: **Figura retórica** en la que una misma palabra tiene más de un **sentido** y participa en varias construcciones **sintácticas** a la vez. Por ejemplo: "—Hoy lo vi a Tomás y te mandó saludos. —¿Qué Tomás? —Café, gracias".

Símbolo (Charles Peirce): A diferencia del **ícono** (ver) o del **índice** (ver), el S. es un *representamen* (ver) que refiere a su **objeto** meramente por convención, hábito o ley. Denota a su objeto en virtud de una ley, una asociación de ideas generales, que hacen que el S sea interpretado como referido a ese objeto. De este modo, un S no indica nunca una cosa particular (a diferencia del índice) sino que denota una clase de cosas. Desde ese punto de vista, son S los **signos** de la escritura, los **signos lingüísticos** en general tal como los conceptualiza **Saussure**, los símbolos usados en química, matemática, etc. En el **proceso** de la **semiosis** infinita, los S remiten a otros S, motivo por el cual esta semiosis es siempre histórica y social, de modo que los S se modifican permanentemente en el transcurso del devenir histórico. Según C. **Lévi-Strauss** toda **cultura** es un conjunto de **sistemas** simbólicos. E. **Cassirer**, por su parte, definió al hombre como un **"animal simbólico"**, creador de S, el único ser capaz de crearlos.

Sincronía (Ferdinand de Saussure): Del latín *syncronos*, "al mismo tiempo", sincrónico es el punto de vista de la **lingüística** que considera a todos los elementos de un **sistema** como perteneciendo a un mismo momento o estado, haciendo caso omiso de todo tipo de fluir temporal. **Saussure** fue el primero que en lingüística afirmó explícitamente la relevancia y la autonomía de la investigación **sincrónica**. Opuesto: **diacronía**.

Sinécdoque: Forma **retórica** del **discurso** que consiste en alterar la **significación** de las palabras para designar al *todo por la parte* o a la *parte por el todo*. La figura del S implica expresar una realidad refiriéndose a una parte de ella, la que es considerada la más importante, relevante o significativa. Por ejemplo:

la imagen del obelisco (un detalle de la ciudad de Buenos Aires), es una S que expresa "toda" la Capital Federal. En ocasiones, la S es considerada un caso peculiar de **metonimia** (ver).

Sinonimia: Se habla de S cuando dos expresiones diferentes en su materialidad poseen una alta proximidad **semántica**. Hay, por ejemplo, relación de S entre "pediatra" y "médico de niños".

Sinsigno (Charles Peirce): Es un signo ya existente. Cobra **significado**, finalmente, gracias a un **legisigno** del que es una manifestación.

Sintáctica: Ver **sintaxis**.

Sintagma: Conjunto de **signos** con **relaciones sintagmáticas**. Se compone de dos o más unidades consecutivas (por ejemplo: cae la lluvia, reestablecer, contra-indicación, etc.), que forman una secuencia **lógica** y pueden aparecer en distintos **enunciados**. El **valor** de cada término del S está dado por su oposición con el que le precede o el que le sigue o ambos (ver **linealidad** del significante). Para encontrar **sentido** a la cadena sintagmática, los signos deben estar **presentes** (*in praesentia*); no puede haber componentes virtuales. Según **Saussure**, los elementos del S tienen que ser signos, no pueden ser sólo **fonemas** (aunque los fonólogos no acuerdan con esto), deben tener **significante** y **significado**. Así, no hay S en "destruir", porque *"truir"* no tiene significado.

Sintaxis: 1) Para C. **Morris**, la S es la parte de la **semiótica** que estudia las relaciones de los **signos** entre sí; es la **teoría** de la construcción y la identificación de las secuencias de signos bien formadas. Estudia las reglas que establecen qué signos se aceptan o no, con independencia de su **significado**. Es la tarea propia de la S la construcción de cálculos. Por ejemplo, "las **palabras** esdrújulas llevan tilde", 2) Parte de la **gramática** que estudia las **estructuras** oracionales o, más en general, cómo los signos se alinean y distribuyen en unidades mayores, 3) Por extensión, suele hablarse de "S narrativa", "S fílmica", etc, para designar todos los elementos que aparecen secuenciados en una construccion mayor que los contiene.

Sociolecto: Producción de **significaciones** en función de la pertenencia de los hablantes a una comunidad **lingüística** determinada por cierta **estratificación social**. Se opone, en este sentido, a la actividad **semiótica** individual o "**idiolecto**". Ver también **dialecto**.

Sociolingüística (Benjamin Whorf, **década de 1930):** Disciplina que estudia el **lenguaje** en su relación con la **sociedad** y la forma en que el primero influye en la forma de pensamiento. La S sostiene que la sociedad determina al lenguaje y que el estudio del lenguaje en diferentes **culturas**, muestra que el pensamiento está controlado por patrones inconscientes, que provienen de la forma de lenguaje propia de la cultura en la que vive el **individuo**. Llamada también **etnolingüística** o **Antropología lingüística**.

Subjetivema: Caso particular de **enunciatema** (ver), los S pueden definirse como *huellas* en el **enunciado** de la presencia **subjetiva** de su **locutor**. Éste inscribe continuamente su presencia en el enunciado pero esta presencia puede notarse en mayor o menor medida. Kerbrat-Orecchioni propone analizar, además de los **deícticos** (ver), formas lingüísticas (generalmente léxicas) que remiten a posiciones y valoraciones del **enunciador**. Las palabras subjetivas son particularmente numerosas en sustantivos y adjetivos, por lo cual Kerbrat distingue entre ellos los afectivos y los evaluativos. Los primeros expresan la reacción emocional del enunciador ("simpático", "conmovedor", etc.) mientras que los últimos pemiten divisar su evaluación de aquello acerca de lo cual habla ("grande", "majestuo-

so", "miserable", etc) Pueden ser
o no axiológicos, dependiendo de si
proporcionan o no un juicio de valor (un S como "pequeño" remite a
una evaluación subjetiva, pero sin
embargo no permite ver si esa pe-
queñez es considerada como buena
o mala).

Sujeto de la enunciación: Ver **enunciador.**

Sujeto del enunciado: Es el **objeto**
o **sujeto** sobre el que efectúa una
predicación el **enunciado** (ver). Puede coincidir o no con el **sujeto de la
enunciación** (ver). Géneros y formas
como la autobiografía muestran la
coincidencia entre ambos sujetos;
en cambio, existen otros discursos
que producen una distancia máxima
entre ambos (el caso del **discurso**
histórico, ciertos géneros periodísticos, etc).

T

Tecnolecto: Ver **dialecto.**

Tema: Primera parte de una frase, de la cual habla una segunda
o **rema.** Un enfoque lingüístico que
considera que el texto no es una
mera sucesión ordenada de oraciones sino que tiene una unidad global se apoya en conceptos como el

de T y **rema.** El texto, a medida que
se desarrolla, parte de **información**
conocida y genera información nueva. La última a su vez pasa a ser conocida y sirve de un nuevo punto
de apoyo. En un **enunciado** se distinguen, por lo tanto, el T (aquello
de lo que se habla, el elemento conocido) y el rema (constituido por
la información nueva, aun desconoci-
da). En ejemplos como el de "Horacio me presentó al hermano. Es
un tipo muy macanudo", en la primera construcción Horacio es el T y
el hermano, el rema. Pero en la segunda construcción el hermano de
Horacio ya constituye el T. Se denomina **progresión temática** a este **fenómeno** de que el constituyente de
rema pase a ser de T en la cláusu-
la siguiente. También llamado *topic.*

Teoría Crítica: Ver **Escuela crítica.**

**Teoría de la acción comunicativa
(Jürgen Habermas): Acción social** no
orientada a fines egoístas –como es
el caso de la acción instrumental o
la acción estratégica– sino a la búsqueda de diálogo y **consenso** con el
otro, aceptando sus críticas y tra-
tando de comprenderlo. Para **Habermas,** la **acción comunicativa** es la
única que puede garantizar el funcionamiento de una sociedad libre.

Teoría de la comunicación: Teoría
que estudia los modos en que la

transmisión de un **mensaje** desde un **emisor** o **fuente** hacia un **receptor** llega a través de un **canal** o **medio** que transmite esas señales. La TI ha sido desarrollada, entre otros, por Paul Lazarsfeld, Edgar Morin y Umberto **Eco**. **Shannon** y Weaver la desarrollaron con la denominación de **teoría de la información**.

Teoría de la enunciación: Ver **enunciación**.

Teoría de la información (Claude Shannon, 1948): Teoría que se basa en los desarrollos publicados por Shannon en el artículo *Teoría matemática de la comunicación*, donde propone una serie de **leyes** matemáticas que explicarían y medirían la transmisión de **mensajes** a través de **canales** (teléfono, TV, etc.). Shannon sostenía que los procedimientos lógicos de verdadero/falso se correspondían con abierto/cerrado y encendido/apagado de las llaves de los aparatos electrónicos. Con esa base, postuló el **BIT** o dígito **binario**, es decir, la cantidad de información requerida para seleccionar un mensaje entre dos alternativas. La consecuencia de la teoría de Shannon es que la información se convierte en una forma independiente de cualquier dispositivo de transmisión. Fue Warren Weaver quien aplicó el modelo de Shannon a la **comunicación** humana, esta-

bleciendo la siguiente secuencia: **fuente** de información à mensaje à transmisor o **emisor** à **señal** à **(ruido)** à señal recibida à **receptor** à mensaje à destino. Así, la información se encuentra codificada en señales que el receptor decodifica. Esta teoría modificó la visión simplista que se tenía acerca de un proceso de comunicación lineal desde una fuente a un receptor.

Teoría funcionalista de los medios o *mass comunication research*: Desarrollada en los años '40-'50 en la Universidad de Columbia, **EE.UU.** Toma como modelo a la **ciencia natural**. Basada en la biología y en la química, compara a la **sociedad** con un **sistema** natural o un cuerpo orgánico, y se pregunta para qué sirven los **medios masivos**. El **funcionalismo** (ver) se centra en la conservación del sistema social. Para eso, evalúa la intención ideológica de cualquier **mensaje** (dentro y fuera de los medios de comunicación) como *"funcional"* o *"disfuncional"* al sistema para el momento actual en que vive la sociedad. Además, se evalúa si el mensaje ha sido eficiente a la hora de cumplir esa **función**. Los **emisores** siguen manejando los efectos o respuestas, pero el público ya no es considerado homogéneo, habiendo diferentes respuestas según el grupo al cual ese mensaje se dirija. A su vez, se postula la función *narcotizante* o *contaminante* de los medios, ya que éstos, al estar insertos junto con la **tecnología** en el sistema **capitalista** originan **desocupación**, que el mismo sistema social deberá resolver. Los medios por otra parte impiden la participación directa en **instituciones**. Un teórico como **Lasswell** aportará el siguiente esquema: *¿Quién* (**emisor**) dice *qué* (**referente**) a *quién* (**receptor**), a través de *qué* canal (*código*) y con *qué* efectos (*feedback*)?

Teoría matemática de la comunicación: Ver **Teoría de la información**.

Teoría matemática de la información: Ver **Teoría de la información**.

Teoría semiológica: Ver **análisis del discurso**.

Terceridad (Charles Peirce): En su semiótica, **Peirce** conceptualiza que todas las ideas pueden ser pensadas desde tres categorías: **primeridad** (ver), **segundidad** (ver) y T. La T es la que hace posible la ley y la regularidad (por ejemplo, una causa y un efecto encuadrados dentro de una ley que los explica: "Los hombres cuando se enamoran se ponen celosos"). Pertenecen a la T el **rema**, el **decisigno** y el **argumento**.

Término: Entidad **lingüística** que es parte de un **enunciado**.

Tipos textuales: Se los diferencia de los **géneros discursivos** (ver) pues en su delimitación y caracterización se toman en cuenta sólo los aspectos específicamente lingüísticos. Los TT son concebidos como categorías ligadas para una clasificación científica de los textos, independientemente de los contextos sociales en que se produzcan. Ver también **clases textuales**.

Tono: Ver **cualisigno**.

Topic: Ver **tema y rema**.

Tópica: Parte de la **retórica** que estudia las fuentes o lugares (Del griego *topos*) de donde se extraen los argumentos.

Tópico: Ver **tema y rema**.

Transposición: Ver **transtextualidad**.

Transtexto: Ver **transtextualidad**.

Transtextualidad: El teórico y crítico literario francés Gerard Genette estableció una tipología de las diversas relaciones transtextuales: 1) La *intertextualidad* supone la presencia de un texto dentro de otro (**citas**, alusiones, etc), 2) la *paratextualidad* concierne al entorno del texto propiamente dicho (títulos, prefacios, prólogos, ilustraciones, etc), 3) la *metatextualidad* refiere a la relación de comentario de un texto sobre otro, 4) la *architextualidad* relaciona un texto con las diversas clases a las que pertenece (poemas, cuentos, ensayos, **crónicas**, etc.) y, finalmente, 5) la *hipertextualidad* es la operación mediante la cual un **hipotexto** se incorpora a un texto anterior —**hipertexto**— sin que sea su **comentario**. Este último concepto se refiere en particular a los fenómenos de **transposición: parodia,** imitación, "segundas partes", etc.

Tricotomías (Charles S. Peirce): Peirce clasifica a todos los **signos** tomando en cuenta los tres constituyentes de la **semiosis** (ver): *representamen* (ver) **objeto** e **interpretante** (ver). Éstos a su vez son tricotomizados sobre la base de las categorias de **primeridad, segundidad** y **terceridad** (ver todas estas entradas). La primera T clasifica a los signos según su *representamen* (**cualisigno, sinsigno** y **legisigno**); la segunda, según la relación de éste con el objeto, lo que da por resultado la división de los signos en **íconos, índices** y **símbolos,** y la tercera de acuerdo a la división que puede efectuarse de los interpretantes (**rema, dicente** y **argumento**).

Tropos: Uso de palabras no frecuentes para referirnos a una cosa. Por ejemplo, la **metáfora** es un *T* que opera con relaciones de semejanza. Ver también **figuras retóricas.**

Troubetzkoy, Nicolas Sergueevitch (1890-1938): Lingüista ruso, crítico de la **lingüística histórica.** Como miembro del **Círculo de Praga** (ver) fue uno de los fundadores de la **fonología.** Influencias: **Saussure** y **Bühler.**

U

Universo del discurso: En la reformulación que postula Kerbrat-Orecchioni del **esquema de comunicación** de **Jakobson** (ver), el concepto de UD designa al conjunto formado por la situación específica de cada **proceso** comunicativo y las diversas restricciones de **estilo** y de **tema** que éste presenta. Estas restricciones se vinculan íntimamente con el **género discursivo** (ver) de cada manifestación discursiva.

Usos del lenguaje: Ver **funciones del lenguaje.**

V

Vaguedad: Falta de precisión o límites precisos en el **significado** de un **término.** Por ejemplo, es indecidible a qué cantidad refiere una expresión como "mucho".

Valor lingüístico (Ferdinand de Saussure): Posición que ocupa un elemento de la **lengua** en su relación con los demás. El VL surge exclusivamente de la contraposición de un signo con los demás **signos**. Todo término se determina a partir de lo que lo rodea y se le opone, no a partir de sí mismo. Por ello, el valor es siempre *relativo* (al **sistema** que lo incluye) y *negativo* (se define por oposición a los demás).

Vocabulario: En **lingüística**, se utiliza el término V para conjuntos discursivos determinados: vocabulario de la prensa, del cine, de los **partidos políticos**, etc. Ver también **léxico**.

W

Wittgenstein, Ludwig Josef Johann (1889-1951): Filósofo y matemático austríaco, uno de los fundadores del **neopositivismo** y analista de las **funciones del lenguaje**, ligadas a la **descripción** y representación del mundo. Aspirando a construir un **lenguaje** lógico perfecto, sostuvo que el **conocimiento** es una generalización teórica de percepciones **empíricas** y que la **lógica** revela la **estructura** del lenguaje a través de las **proposiciones**, que son "retratos" o "maquetas" de la realidad (**estado de cosas**) planteando además que el mundo se basa en **hechos** simples (**atomismo lógico**, influencia de B. **Russell**). Posteriormente abandonó esta perspectiva (luego de haberla desarrollado en el *Tractatus Logico-Philosophicus*, 1921) y delineó una concepción innovadora sobre el lenguaje cuya **tesis** fundamental es que el **significado** de los **términos** está dado por su uso en una comunidad de hablantes: en el lenguaje los **"juegos de lenguaje"**, los usos prácticos, determinan significados y **sentidos**. A partir de esto inventó nuevas categorías para dar cuenta del lenguaje, plasmadas en su obra póstuma, *Investigaciones filosóficas* (1954). En virtud de este cambio se habla del "primer W" y del "segundo W". La influencia que esta obra tuvo en filósofos posteriores es tan grande que los historiadores hablan de un momento llamado "el giro pragmático" a partir del cual el curso de las investigaciones en filosofía del lenguaje abandonó el modelo **Frege-Russell-primer W**, para dedicarse al estudio del **lenguaje natural**.

Z

Zeugma: Figura retórica donde se articulan dos **palabras** con **significados** contrarios.

BIBLIOGRAFÍA

En todos los casos se cita el año de edición consultada, que no necesariamente coincide con la primera edición de la obra ni con el año en que ésta fue escrita.

LIBROS

Barthes, Roland, *Elementos de Semiología*, Fed. Tiempo contemporáneo, Buenos Aires, 1972

Benveniste, Emile, *Problemas de lingüística general*, Siglo XXI, México, 1979

Cobley, Paul, *Semiótica para principiantes*, Era Naciente, Buenos Aires, 2003

De Saussure, Ferdinand, *Curso de lingüística general*, Losada, Buenos Aires, 1977

Delfino, Silvia, *La mirada oblicua. Estudios culturales y democracia*, La Marca, Buenos Aires, 1993

Eco, Umberto, *Tratado de semiótica general*, Lumen, Barcelona, 1977

Eco, U. y Sebeok, T. (Eds.), *El signo de los tres*, Lumen, Barcelona, 1989

Filinich, María, *Enunciación*, Eudeba, Buenos Aires, 2002

Gordon, W. Terence, *Mac Luhan para principiantes*, Era Naciente, Buenos Aires, 1998

-, *Saussure para principiantes*, Era Naciente, Buenos Aires, 2000

Habermas, Jürgen, *Teoría de la acción comunicativa*, Taurus, Madrid, 1987

Jakobson, Roman, *Ensayos de lingüística general*, Seix Barral, Barcelona, 1981

Kerbrat-Orecchione, Catherine, *La enunciación. De la subjetividad en el lenguaje*, Edicial, Buenos Aires, 1987

Maingueneau, Dominique, *Introducción a los métodos de análisis del discurso*, Hachette, Buenos Aires, 1980

-, *Términos claves de análisis del discurso*, Nueva Visión, Buenos Aires, 2003

Marafiotti, Roberto (comp.), *Recorridos semiológicos*, Eudeba, Buenos Aires, 1998

-, *Temas de argumentación*, Oficina de Publicaciones del CBC, Buenos Aires, 1991

Morris, Charles, *Fundamentos de la teoría de los signos*, Paidós, Barcelona, 1985

Peirce, Charles, *La ciencia de la semiótica*, Nueva Visión, Buenos Aires, 1986

Sazbón, José, *Saussure y los fundamentos de la lingüística*, Nueva Visión, Buenos Aires, 1996

Storey, John, *An Introduction to Cultural Theory and Popular Culture*, University of Georgia Press, Athens, 1998

Vitale, Alejandra, *Peirce y Saussure. El studio de los signos*, Eudeba, Buenos Aires, 2001

ENCICLOPEDIAS, DICCIONARIOS Y GLOSARIOS

Albano, Sergio et al, *Diccionario de Semiótica*, Editorial Quadrata, Buenos Aires, 2005

Ducrot, Oswald y Todorov, Tzvetan, *Diccionario enciclopédico de las Ciencias del lenguaje*, Siglo XXI, Buenos Aires, 2003

Katz, Chaim S. et al, *Diccionario básico de Comunicación*, Editorial Nueva Imagen, México, 1980

Mentor, *Enciclopedia de Ciencias Sociales*, Océano, Barcelona, 2000